児童養護施設

鹿深《かふか》の家の「ふつう」の子育て

人が育つために大切なこと

綱島庸祐・川畑隆―編

鹿深の家（代表 春田真樹）―著

明石書店

この本には、児童養護施設で暮らしている子どもたちのことを通して、そこで働く保育士や児童指導員のことが書かれています。ですから、世のお父さんやお母さんたちにも参考にしてもらえることが、きっとたくさん散りばめられているだろうと思っています。

ごあいさつ

私たち、鹿深の家の子どもたちと職員は、ふだんとても小さな世界で暮らしています。そして、この小さな世界で紡がれている日々の営みは、ほとんど世間に知られていません。

一般家庭であれば、個々の生活の実情を世間が知ることはまずありません。しかし、「社会で子どもを育てる（社会的養育）」最前線で子どもたちと関わる私たちには、その養育の在りようをむしろ積極的かつオープンに社会に示し、子どもたちにとってのよりよい暮らしを考えるための材料として提供していく責務があると考えています。

この本の中核をなす第2章にまとめられているのは、まさしくそうした内容、子どもを直接担当する職員たちの心の変遷です。事例検討会という共通の場面の体験も含んで、養育者のリアルな内面が語られます。

また、小さな世界で暮らすその閉鎖性ゆえに、私たちは知らず知らず世間のあたりまえ（ふつう）とは異なる価値観の中で子どもたちの養育を実践している可能性があります。そのため、折に触れて自分たちの取り組みを率直にふり返り、その内容を外部に発信しつつ検証を行うことは欠かせないとも思っています。この二点が本書を世に出す大きなモチベーションになっています。

加えて、鹿深の家では児童養護上のテーマの一つとして、「〝ふつう〟とは何か」ということを問い続けています。なぜなら、子どもたちにとって「施設で暮らす」ということは、「それまで自分が〝ふつう〟だと思っていたのとは違う世界で生きていかねばならなくなること」、そして「事あるごとに新しく知る〝ふつう〟に傷つき翻弄され続けること」なんだと考えているからです。

本書全体を通して、その姿勢と価値観を読者のみなさんに感じとっていただければ幸いです。

「鹿深の家」施設長　春田真樹

◉おことわり

本書では「ふつう」という言葉を用いています。「ごあいさつ」にもありましたが、「ふつう」は「あたりまえ」とほぼ同義です。他に似たような言葉を並べると、「通常」「標準」「並み」「平均的」…などがあるでしょうか。

「ふつう」はその文化圏における大多数に支持されている事柄です。でも少数が「ふつうではない」ことによって軽視されたり仲間外れにされたりするのは許されることではないので、「多様性を認め合い支持する」方向で世の中が動いています。ですから、「ふつう」「あたりまえ」に対しては、何を基準にしてそう言っているのか、大多数の横暴だとの反発が向きます。それは大切な視点です。しかし、その視点が世の中のすべてのことを覆ってしまい、「ふつう」がないことになると、「何でもあり」の世の中になってしまいかねません。「子どもを虐待しない」ということも多様性の一つだとして尊重されるとやはりまずいわけで、「ふつうは子どもを虐待しない」という基準の存在は必要です。

「文化圏」という言葉を使いました。その人ひとりの文化圏における「ふつう」が、そのままその人の属する集団の文化圏でも尊重されている、あるいはされるべきであったりすることもあるでしょう。しかし、集団の中ではその構成員は他に向けてお互いに閉じて生活するわけにはいきませんから、一人ひとりが生きにくさを生まないように教育され、また新しく教育されなおして、集団、あるいは社会としての「ふつう」を身につけることになっていく部分も大きくあります。これが「しつけ」「健全育成」「成長・発達の支援」と呼ばれるものです。

また、本書に出てくる「ふつう」には、「生《なま》の」という意味合いが注入されている場合も多くあります。「繕っている」のではなく、「ありのまま」の姿だという意味合いです。人間の心は同時にいろんな気持ちや考えを持つのがそれこそ「ふつう」です。「これは正しい」と思いながら「本当に正しいのだろうか」と不安でいっぱいだったとしても…たとえば人間の多様性を認める片方で、少数の人を差別しているかもしれない自分の心への疑いを払拭できずに悩んだりすることなども…それが人間として「ふつう」だという視点です。

児童養護施設 鹿深の家の「ふつう」の子育て◉目次

序章

「ふつう」をキーワードにする理由

児童養護施設の職員の専門性

綱島庸祐（心理療法担当職員）

２０１７年8月に国から示された「新しい社会的養育ビジョン」の中で、「施設で培われた豊富な体験による子どもの養育の専門性をもとに、地域支援事業やフォスタリング機関事業等を行う」と書かれているように、児童養護施設は今後、その有している専門性をより積極的に社会に戻していくことが求められています。

では、ここに書かれているような「児童養護施設の職員の専門性」とは、一体どのようなことを指すのでしょうか。

虐待を受けた子どもの対応のノウハウ？　発達障害を抱える子どもを育てる知恵？　精神障害のある親御さんと関係を築くためのコツ？　自分たちが日頃、地域などからこうしたテーマで講演等を依頼される機会が多いことを思うと、世間一般の方々は、このあたりに私たち施設職員の専門性があると捉えておられるのかもしれません。

児童養護施設の業界では、こうした議論は以前から頻繁に交わされてきました。「誰が見ても明らかで分かり切っていることであれば、何度も話し合われることはないのではないか」という多少うがった見方をすれば、そのような（以前から頻繁に交わされてきた）事実自体が、自らの専門性というものについて私たちが感じている、ある種の心許なさを物語っているようでもあります。

実際、こうした「専門性」を強く打ち出していこうとする昨今の流れを目の当たりにして、「他の人に誇れる専門性なんて本当に自分たちは持っているのだろうか？」「当事者である自分たち施設職員を置き去りにして、何だか『専門性』という言葉だけが独り歩きしていないか？」という不安な気持ちになる職員が、少なくとも私たちの施設には一定数いたように見えました。

自分たちの専門性について、個人的に思っていることや考えていることはしっかりあるのにもかかわらず（第3章コラム等を参照）、それらを誰かに語るとなると、どこかはばかられるような気持ちになる……そうした心許なさと、自分たちのしていることはどの家庭でも行われている「ごく『ふつう』のあたりまえのこと」でしかないという認識は、大きく関連しているように思われました。しかし、その一方で、この「ごく『ふつう』のあたりまえのことをしている」という特徴は、児童養護施設が子どもたちの生活の場である以上、欠かせない、とても大切な要件であるようにも思えました。あまりにも「ふつう」からかけ離れた生活を子どもたちに強いることは、周囲の人たちと共有し合える接点を狭め、その後の社会適応を難しいものにしてしまう危険性をはらんでいることを、私たちはよく知っていたからです。

「ふつう」の子育てを極める

「ふつう」であることをめぐって逡巡《しゅんじゅん》する私たちに、外部から招いてスーパービジョンをお願いしている川畑隆氏は一貫して、「『ふつう』の子育てを極めてほしい！」という力強いエールを送り続けてくれています（コラム①）。「『ふつう』の子育て」とは、俗に言う子育ての専門家ではない、世の親たちが常識にもとづいて行う、ともすれば、あたりまえのようにも感じられる子育てのことです。

川畑氏はさらにこう続けます。「『ふつう』という言葉の響きには、『ありふれた』というニュアンスが含まれているため、あたかも価値が低いかのように感じる向きもあるかもしれません。でも、自分たちも含め、大半の人たちは、こうした『ふつう』の子育てを受けて概ね健全に育ってきたのです。この自明の事実は、どの家庭でも行われているような、ごく『ふつう』の子育ての中に、人が健やかに育つための秘訣、いうなれば『宝』がたくさん潜んでいることを示しているとは言えないでしょうか」と。

川畑氏の考え方は、私たちにとって非常に腑《ふ》に落ちるものでした。なぜなら、施設に遊びに来る地域の子どもたちが、相手を思いやる（慮《おもんぱか》る）力や自らの衝動を適切にコントロールする力を自然に発揮しているような姿を目にして、奇跡のごとき不思議さを禁じ得なかった私たちは、普段から「一体、どうやったらあんなふうに育つのだろう？『専門家』と呼ばれるおとなたちが何人も集まって、繰り返し話し合い、関わりを工夫してもなお、施設の子どもたちにそうした力の伸びを感じることは決して多くはないのに…。本当に子育ての秘訣を教わりたい！」と話し合っていましたから！

でも、そうした秘訣をすくい上げることは、容易なことではありませんでした。職員自身、自分のこれまでをふり返り、どのようにしてさまざまな力をつけてきたのかということを考えてみても、「よく分からないけれど、知らないうちにできるようになっていた」というふうにしか思えないところがあったからです。つまり、人が育つプロセスというのは、多くの場合、継ぎ目のない連綿と続く営みであるため、ある変化（成長）を特定の体験と結びつけることが難しかったのです。

入所という継ぎ目があるから分かる

しかし、そうした点から考えると、こうした秘訣は、児童養護施設の子どもたちの育ちの中にもっとも純粋な形で見て取ることができると言えるのではないでしょうか。なぜならば、児童養護施設の子どもたちには「施設入所」という継ぎ目があるからです。

　子どもたちが施設に措置されることになったのは、養育される環境の不備や、養育者の関わりの不適切さの度合いが、今の一般的な社会通念と照らし合わせて「ふつう」ではないと判断された結果だということを踏まえると、その継ぎ目は、「『ふつう』ではない子育て」から「『ふつう』の子育て」への転換点というふうに言い換えることもできるように思います。

　そうした転換を経る中で見てとれた、子どもたちの育ちを詳細に検討することで得られた知見、すなわち、「『ふつう』の子育て」に含まれるどういった体験が、どのように作用して、概ね健やかな育ちというものを保障しているのかということに関する理解こそが、私たち児童養護施設職員が子どもたちから贈られた財産であり、世に還元することが期待されている専門性なのではないでしょうか。ワロン*(1925)の有名な「健常児は障害児の中で見えてくる」という言葉になぞらえて言うならば、「『ふつう』の子育ては施設の子育ての中で見えてくる」というわけです。

　無力感に耐えながら、子どもらの育ちを直視し、どのような体験に薄く、どのような体験を積み上げるべきかを考え、それを日々の暮らしの中で保障していくための生活の工夫を凝らすこと。こうした押しなべて地味な作業を繰り返す中で見えてくる、私たちがそれぞれの子どもたちから教わった、忘れてはいけない（でも、あまりにも「あたりまえ」過ぎて見落とし、また忘れそうになる）「『ふつう』の子育てに含まれる、人が育つために大切なもの」、それこそがこの本を通してもっとも伝えたいところです。

＊ Wallon, H.（1925）「L'enfant turbulent」preface. Alcan-PUF, Paris.

コラム❶　鹿深の家に期待すること

川畑　隆

　児童養護施設としての鹿深の家に、子どもたちの健全育成をまず期待するのはあたりまえですが、その中で、またそのためにも、私は「ふつう」の子育ての価値を極めてほしいと思っています。

　「ふつう」の子育てとは？　私たちおとなも子どもでした。まあ、ふつうに育ってふつうのおとなになれたと言っていいのではないでしょうか。誰が育ててくれたのでしょう。そう、私たちの親です。親は、子育て学とか発達心理学、家庭教育学とかカウンセリング、心のケア論なんて学んでこなかったでしょう。子どもが生まれてはじめて親になったわけで、その頃はまだ未熟だし、格闘しながら自分たちの感覚で育ててきてくれたのだと思います。それが「ふつう」です。だとすれば、その「ふつう」の子育ての中に、子どもを健全に育てる秘訣（自分で自分が健全に育ったというのは少し照れますが）というか「宝」があると考えるのが、それこそ「ふつう」なのではないでしょうか。

　何が「ふつう」？　ある児童虐待防止啓発ビデオに二人のお母さんが登場します。「下の子が生まれてヤキモチを焼いて歩かないお兄ちゃんの膝のうしろを、繰り返し蹴った」体験を話すお母さん、「子育てがしんどくて腕に抱いている赤ん坊を床に落とそうかと一瞬思った、あのとき落とさなくてよかった」と涙ながらに告白するお母さんです。そのビデオを見終わった学生が私に言ってきました。「最近の母親はなっとらんなあ!」……この学生の「ふつう」というか、母親の「基準」は、そんなことをしない、考えもしない、温かくて優しいお母さんです。でも、それが「ふつう」でしょうか? べつにお母さんたちみんなが子どもを蹴ったり、赤ん坊を落とそうと思ったりしなくてはならないわけではありませんが、そういうことがあったとしても「ふつう」のお母さんの仲間に入れてあげてもよいのではないかと思うのです。「私、子どもを蹴ったの」「私、この子を床に落とそうとしたのよ」と自分から言う人はあまりいないだろうと思いますが、そんな思いを持ったり、したりした人は結構いるし、してなくてもその気持ちをよく分かる人も多いことでしょう。

こんなふうに「ふつう」とは「ふつう」なのです。未熟だし、弱いし、迷うし、失敗するし、後悔ばっかりしてるし…。私、先に書いたお母さんのことを言ってるんですが、保育士や児童指導員のみなさん、自分のことだと思いました?

子どもたちは親の(保育士や児童指導員の)いろんなところを見ていますよね。そして、「人間」を学んでいます。かつて学校で「カウンセリング・マインド」が流行って、「先生たちみんなカウンセラーみたいになろうよ」みたいなことを言う人がいたのですが、私は「それはちょっとね…」と思っていました。世の中にはいろんな人がいます。頑固な人も、頼りない人も、その他いろいろです。そしていろんな人を知ることで人への想像力は育つし、そういう人たちと一緒に生きてゆくやり方も身につけます。みんながカウンセラーになってしまったら人間を学べないのです。

人には自分の「生地《きじ》」というものがあります。そしてその上に自分なりの「なりたい人」を作っていきたいと思っています…よね？　その努力というか格闘を子どもたち（だけではありませんが）は見ていると思うのです。自分にどう接してくれる人かだけではなく、職員さん自身がどのように前向きに生きていこうとしているのか（いつも元気に明るくという意味じゃなく、ちゃんといろんなことの影響を受けることのできる強さみたいなものが感じられるかどうか）、誰でも失敗するのは当然だけど失敗したあとをどうきちんと修復しようとしているのか等々…「ふつう」は案外難しいのかもしれませんけどね。

そして、保育士や児童指導員のみなさんはその「ふつうの親」の「できるだけよい親」になろうとされているのだと思うし、それは子どもたちにとってとてもありがたいことだと思うのです。

（「社会福祉法人甲賀学園年報7」（2015）に若干加筆したもの）

第1章
児童養護施設・鹿深の家のこと

児童養護施設とはどんなところか——。鹿深の家の歴史や特徴、子どもたちの毎日の暮らしや職員の仕事について紹介します。

春田真樹（施設長）／平野順久（総務課長）

児童養護施設とは

2万3631人。これは、2021年3月末の時点において全国612か所にある児童養護施設で暮らしている子どもの数です。また、施設で暮らす子どもたちの年齢層を調べた調査を見てみると、1歳から19歳まで在籍していたことが分かります。幅広い年齢層の子どもたちが暮らし、また、その数が全国でおよそ2万4000人もいるという事実を知ったとき、読者のみなさんはどのように感じられるでしょうか。

児童養護施設とは、児童福祉法に定められた児童福祉施設の一つです。全国児童養護施設協議会のホームページには「施設で暮らす子どもたちの事情はさまざまです。児童養護施設には予期できない災害や事故、親の離婚や病気、また不適切な養育を受けているなどさまざまな事情により、家族による養育が困難な2歳からおおむね18歳の子どもたちが家庭に替わる子どもたちの家で協調性や思いやりの心を育みながら、生活しています」と紹介されています。

「施設で暮らす」と表現されているように、彼ら・彼女らは朝ご飯を食べ、身なりを整え学校に通い、帰宅後は宿題や遊び、アルバイト等、子どもたちそれぞれの事情に応じて時間を使い、晩ご飯を食べ入浴し、そして次の日に向けて夜眠りにつくのです。この一連の動きは、それぞれの家庭であたりまえに行われていることと同じです。

児童養護施設は、そこで暮らさざるを得ない事情の中におかれた子どもたちにとって、生活の場そのものなのです。

児童養護施設で働く人たちのこと

次に児童養護施設の暮らしを支えているおとなについて触れます。

児童養護施設には多くの専門職が働いています。

まずは本書の主役である保育士や児童指導員。保護者に代わり子どもの養育の中心的役割を担う人々で、併せて「ケアワーカー」とも呼ばれています。また、養育をサポートする職員として、個別対応職員（虐待を受けた子どもたちに個別に充実した支援を行う）や自立支援担当職員（就職、自立の支援や退所後のアフターケアを行う）、心理療法担当職員（虐待を受けた子どもたち等を心理面から支援する）、栄養士（栄養面や食生活を支援する）、調理員（食事を提供する）、用務員、宿直専門員が配置されています。さらに、保護者などへの支援を通じて親子関係の再構築を図り、子どもの家庭復帰等を支援する役割を担う家庭支援専門相談員や、子どもたちを里親制度につなぐ里親支援専門相談員もいます。また、施設運営という観点から子どもたちをサポートする役割として事務職員がいます。健康をサポートする嘱託医もいます。

このように、専門資格を有した人によって児童養護施設の暮らしは成り立っています。私たちは子どもに寄り添う養育者の一人であり、同時に職業人でもあるというところが、一般の家庭と大きく異なるところかもしれません。

児童養護施設が目指していること

2016年、児童福祉法が抜本的に改正されました。子どもが権利の主体であることや家庭養育優先原則等が盛り込まれており、この法改正がその後の児童養護施設の行方を大きく変えていくきっかけとなりました。また、翌2017年には「新しい社会的養育ビジョン」が示され、今後の児童養護施設が果たすべき役割等について、いくつかの特徴的なキーワードが示されました（業界ではこれらのキーワードを「小規模化」「地域分散化」「多機能化」「高機能化」と整理しています）。

少し丁寧さに欠ける説明になるかもしれませんが、これからの児童養護施設が求められているのは、戦後70数年にわたって積み上げてきた子どもや家族に関するノウハウを、広く地域社会の児童福祉向上のために還元していくとともに、児童虐待等の逆境を生き抜いてきた子どもたちのために、より高度で専門的な知見をもって支援に当たっていくということなのです。

近年、関係各位のさまざまな取り組みや広報等によって、児童養護施設が保護を必要とする子どもたちの暮らしの場であるということが、世間一般の認識として一定の理解を得ているように思います。少し逆説的な言い方ですが、世間を震撼《しんかん》させた虐待死事件や増え続ける児童虐待等の報道により、児童養護施設が改めて注目を浴びている側面があるとも言えるかもしれません。

また、SNS等を通じて、当事者たちの声が世間にあたりまえのように届く時代となりました。

業界全体が目指している「特別ではなく、ふつうの生活」「より家庭に近いスタイルへ」というメッセージが、本書を通じ、読者の皆様に伝われば幸いです。

コラム❷　鹿深の家って？

1962年5月、旧佐山中学校跡地を滋賀県甲賀町より無償譲渡され、社会福祉法人ひまわり会（現社会福祉法人甲賀学園）の設立認可を受けました。同年7月、児童福祉法による甲賀学園（当時）の設置を厚生大臣（当時）より許可され、甲賀学園が開園しました。1998年4月1日、児童養護施設「鹿深の家」と改称し、2002年10月に地域小規模児童養護施設「第二鹿深の家」を設置運営しました。

この「鹿深《かふか》」は地名で、現在の甲賀市の「甲賀《こうか》」のもとになった文字です。百済《くだら》からこの地に移り住んだ「鹿深臣《かふかのおみ》」という豪族の名に由来すると言われています。『変身』や『審判』などの本を書いたあの作家のカフカとは無関係です。

鹿深の家は最寄り駅から徒歩で40分ほどかかる丘の上にあり、自然豊かで…と書くと聞こえがいいかもしれませんが、いわゆる田舎にある施設です。述べたように、もともとは中学校の跡地をもらい受けて児童養護施設としたため、全国的にも珍しく大きなグラウンドに体育館まであります。2021年現在、本体施設には、それぞれ木へんに「春・夏・秋・冬」と書く、つまり「椿《つばき》ホーム」「榎《えのき》ホーム」「楸《ひさぎ》ホーム」「柊《ひいらぎ》ホーム」という名前の建物が四つあります。本体施設から少し離れたところに「第二鹿深の家」がありますが、これは地域小規模児童養護施設に分類されます。

開園当時は木造校舎をそのまま生活空間に転用し利用してきたそうです。一つの教室に10数名の子どもたちが暮らし、集団生活を送っていました。隙間風に悩まされ、また物資の不足する中、地域の方々からの寄付が生活の支えだったと先輩職員から聞いたことがあります。

平成に入り、施設は大きな転換を迎えました。一般住宅仕様の建物を敷地内に順次整備し、家庭的な養育（小規模養育）に舵を切りました。

1990年に入居定員5名の建物を新築し、かつその建物は高校生たちの自立訓練が主たる目的として位置づけられました。その後（1992年）、同じく自立支援を使用目的とした高校生男子専用の建物が整備されました。中学生以下の子どもたちの建物はそれぞれ1994年、1996年に整備されましたが、当時、中学生以下の子どもの在籍が多かったこともあり、建物は一般住宅仕様でしたが（といっても部屋数の多い大きな建物です）、中で暮らす子どもたちは10数名から20名という状態でした。中学生までは大人数で生活し、高校生になると自立訓練の建物に居室が変わるという暮らしが鹿深の家の伝統でした。その頃の子どもたちは、「小さいころ我慢すれば大きくなって自由が獲得できる」とよく口にしていました。

2002年に先に述べた地域小規模児童養護施設を整備したとき、「子どもの生活の場を年齢・性別という枠組みだけで区切らないやり方があるかもしれない」と仮説を立て、小学生から高校生までの異年齢集団による少人数の暮らしを取り入れました。その後、地域小規模児童養護施設は、男女混合の養育へと発展しています。

コラム❸ 鹿深の家の職員について

子どもの数に対する職員の数の比率は、以前は子ども6人に対して職員1人が最低基準でした。しかし、職員の労働は1日に8時間と労働基準法で定められていることが関係して、結果的には、実質10数人を1人で養育することも少なくありませんでした。またその頃はそれをフォローする心理士や家庭支援専門相談員などの配置も必須ではなく、子どもに対応する職員がプライベートな時間を削って関わるのがあたりまえでした。そういった職場環境は職員の勤続年数を下げてしまう要因になっており、20年前には「3年勤めればベテラン」という言葉もあったぐらいです。それは、子どもたちの養育者である職員の頻繁な入れ替えを意味し、子どもたちにとっても重大なことでした。今では子ども4人に職員1人を配置することも可能となり、そこにケアワーカーを他の職種がサポートする体制もできてきました。また、本体施設と離れた分園という形での事業を展開することで、そこでは子ども1人に対して職員を1人配置することも可能になってきました。

2021年現在の鹿深の家の職員は、非常勤職員を含めて34名で、各職種がそれぞれの立場から子どもたちの養育を担っています。ただ、34名と聞くとぜいたくな印象を受けられるかもしれませんが、子どもの直接の支援にあたるケアワーカーは20名ほどで、法律や制度がいろいろと変わってきた今でも決して人数的な余裕はないのが現状です。

なお、ケアワーカーのうち、保育士はその名の通り保育士資格を持った職員です。児童指導員は、鹿深の家では福祉系・教育系の大学を出ている職員のことを指しています。

コラム❹ 鹿深の家での生活

子どもと職員は、施設の養育方針である「笑顔あふれる未来をつくる」をもとに、それぞれの家ごとに特色を出して生活しています。したがって、同じ施設にありながら雰囲気が少しずつ違います。可愛いインテリアを置いた家、木のぬくもりを大事にしたいと一枚の大きな木の板で作ったテーブルをダイニングに置いている家、自分たちでリフォームしようと子どもと職員が協力して照明から壁紙まで決めた家、…それぞれに味のある家になっています。いずれも子どもたちと職員が、どのような生活をしたいかを機会を見て話し合い、作り上げてきたのです。

また、養育方針にある「未来」には、鹿深の家での生活だけではなく、それよりもはるかに長い退園後の生活でも笑っていてほしいという願いが込められています。したがって、自立後の生活を想定し、失敗すると分かっていてもあえて挑戦させてみるということを行っています。以前は失敗させないように事前に準備をしたり、根回しをしたりと職員が先に動くことが多かったのですが、リカバリーできる力をつけさせることが自立をしていくにはとても大切であるという考えから、小さな失敗は鹿深の家にいるうちにたくさんさせようというふうに変わっていきました。また、子どもそれぞれのその時点での力量に合わせて、少しずつ生活に一人暮らしを想定した形を取り入れていくのと同時に、自立支援棟において仮の一人暮らしを実際に体験させることにも取り組んでいます。施設での生活そのものについても、「サービス評価委員会」を子どもと職員とで組織し、施設のルールの変更や子どもからのリクエストに応える機会を設けています。過去には携帯電話の所持や小遣いアップなどが議題にあがり、実施に舵を切ってきました。

…と書くと〝立派〟なことばかりが繰り広げられているようですが、もちろんそんなことはありません。小さな子の入所があるとそこに手を取られて家事が回らなかったり、年長の子どもたちがそれを見て焼きもちを焼いたりしています。なかなか朝起きられない子、いろんな理由をつけて学校に行きたがらない子どももいます。宿題が進まない子にあの手この手で気分を乗せてみたり、思春期の子からは「うっさい（うるさい）ねん」「お前ら関係ないやんけ」などと心にグサッとくるような言葉を投げかけられ、心の中では「なんだと、偉そうに」と思いながらも食事の準備をしたり…とおそらくどこの家庭でも起こっていることと何ら変わりない生活です。施設は家庭の代替機能を持っていること、そこで生活する子どもはどこにでもいる子どもと何も違わないことを理解していただけたら、ありがたいと思います。

第2章

「うちの子」のことを担当ケアワーカーが語ります

鹿深の家では、定期的に子ども一人ひとりに関するカンファレンスを行っています。ここではそこで取り上げられた子どもたちのことを、プライバシーに配慮しながら、一緒に生活している担当者の保育士や指導員（ケアワーカー）が生《なま》に語ります。表現が拙かったりするところが多々あるかもしれませんが、何しろナマですので、大目に見ていただければ幸いです。

この章について

カンファレンスは、入所中の子ども一人に焦点を当て、家族の生活史、入所の経過、入所中の様子や家族の動き、現在の問題点と検討したい事柄などについて、資料にもとづいてケース担当者から報告があり、それを受けてその後は基本的にフリーにディスカッションするという形で、毎回進行しました。

この章では、カンファレンスで検討した子どもたちのうち8名について記述します。しかし、カンファレンスの内容を報告するのではありません。

ケース担当者は担当者になったその日から毎日を連続でその子と暮らし、日常の中で子どものことを把握しながら、場合によっては相手の成長に向けてチャレンジしつつ関係を展開させていきます。

カンファレンスはその流れを少しだけ止めて整理、検討する機会を与えてくれますが、そのことによって次の日から児童指導の中身が突然に変わったりするわけではなく、その後も日常は続きます。なぜなら、人間関係はそんなにとってつけたような小手先のものではないからです。

担当者は、いつも人間丸ごとの「私」を子どもである「あなた」から揺さぶられ続けています。そして、その「私」をどのように安定的に保ちながら子どもと接していくかを自分に問いかけていきます。つまり、担当者はいつも「私」と戦っていると言っていいかもしれません。

その日々の戦いの中に、日常においてふり返ったり、カンファレンスで改めて考えたりしたことなどが、担当者を支える方向で少しでも影響を与えてくれていたらいいと思います。考えたことは脳のひだにそのつど刻まれ、その子をめぐって描くストーリーに少しの豊かさを加えたり、その後のストーリーの展開に小さな可能性を見出させてくれるかもしれません。

そのような「私」の戦いを、8名の子どもの担当者が8様に語ったものが以下の内容です（事例A～H）。そして、そのそれぞれの語りに対して、他の職員が自分も同じく児童指導を行う立場として何を感じ、考えたかを記します。それが「**同僚はこう見ています**」です。加えて、カンファレンスの場にスーパーバイザーの役割で出席し発言した川畑氏が、「**カンファレンスではこんなことが検討されました**」として述べました（カンファレンスで話し合われた内容の多くはここに含まれています）。そしてそこにまた、2事例に対して1回ずつですが、「**編集委員ディスカッション**」を加えました。少しくどくなったかもしれませんが、そこまでの記述では不十分だった点について、少しでも読者のみなさんに届くように補っておきたいと思いました。これらの構成によって、その子のことや担当者の思い、それらがどのように絡み合って子どもの育ちが進められていく可能性があるのかを、描き出せていたら幸いです。

なお、事例の秘密を守ることには注意を払わなければなりません。秘密を完全に守るためには事例について執筆しないことが正解なのですが、それでは読者のみなさんに向けて何も伝えないことになります。そこで、ケースが特定できるような記述は避けるようにしました。しかし、ケースの背景を何も書かないと伝えたいことが伝わりません。書くべき事柄と書くべきでない事柄の選択の境界線が明確でない中で、読者のみなさんに消化不良を起こさせる記述になってしまっている部分についてはお許しください。そして、足りないところについてはみなさんの想像力で補い、助けていただけたらありがたいと思っています。

もう少し、付け加えておきます。自分の家を離れて児童養護施設に入所するのですから、子どもたちはそれなりの理由＝家庭背景を抱えています。それを詳しく書かないとその子の背負っているものが伝わらない可能性があります。しかし、それを最小限にしたのは先述のようにプライバシー保護という目的があるのはもちろんですが、子どもたちがそういう家庭環境の「特殊」な子どもたちだ、子育て・子育ちの「特殊」な例だと捉えられてしまうことを避けたかったからでもあります。鹿深の家の職員の奮闘と、「子どもはこんなふうに成長していくんだ！」というたくましさの両方をお伝えできれば、このうえありません。

1 とらわれすぎず、ありのままで

事例A 私にあなたのお世話をさせて

洋子ケアワーカー
（春菜の担当として5年目）

ブスッと不機嫌

春菜はいつもなんだか不機嫌そうでした。べつに笑わないわけではありません。アルバムには笑うとエクボのできるかわいい彼女の写真がたくさん収められています。でも、私が幼い頃の春菜を思い出すとき、決まって最初に心に浮かんでくるのは、口元をへの字に曲げたブスッとした顔、気に食わないことがあったときに見せるふてぶてしい態度の彼女でした。

春菜には両親の記憶がほとんどありません。物心つく前に母親は子どもたちを置いて家を飛び出していましたし、父親は仕事が忙しく、帰宅は毎日夜中でした。父親が帰ってくるまでの間、まだ小さかった彼女のお世話は、年の離れた兄姉が代わりばんこにしていました。夜遅く、子どもが子どもをおんぶして買い物にやってくるのを不審に思った近くのお店の人が通報し、それがきっかけで幼児さんの春菜だけが私たちの施設にやってくることになりました。

春菜が施設入所してから間もなく、頼みの綱だった父親が心身の調子を崩してしまい、他のきょうだいたちも全員同じ施設で暮らしていくことになりました。それでも当初はがんばって面会・外出を続けていた父親でしたが、仕事の忙しさと体調の悪さから次第に足が遠のいていき、春菜が小学校に上がる頃にはもうほとんど出会うことはなくなっていました。

思っていることはありそうだけど…

春菜は一人で過ごすことの多い子どもでした。来る日も来る日も黙々と一人で遊び続ける彼女の姿を見て、「安心して身を委ねられるようなおとなとの出会いに今まで恵まれてこなかったのだろう」「これからは心置きなく頼ったり甘えたりしてもらえるように頑張ろう！」と意気込んでいた私たちでしたが、事はそう簡単には運びませんでした。自分の思い通りにならないとすぐブスッとした態度をとり、押し黙ったまま顔をそむけて不快感をあらわにする春菜に、私たちは「どう関わったらいいのだろう？」と悩まされました。

それに加えて私たちが心配だったのは、春菜が家族のことをほぼまったくといっていいほど口にしないことでした。兄姉たちが遅れて入所してきたときも、「久しぶりに同じ屋根の下、きょうだい一緒に暮らせるようになってよかったなぁ」と思っているのは職員だけで、当の彼女はどことなくよそよそしい態度をとり続けていました。幸い、春菜たちきょうだいのことを不憫《ふびん》に思った父方の親族が少ないながらきょうだい揃って外出泊する機会を作ってくれたのもあって、少しずつ打ち解けてはいったものの、「どうして自分だけ先に施設に入らなくてはいけなかったのか？」など、何かしら胸の内に秘めている思いはありそうでした。しかし、そうした内容について春菜が私たち職員に語ることは一度たりともありませんでした。

「かわいくない！」

小学校に上がるくらいには、警戒を解き始めているのを感じられるような（こちらからすると）ホッとする場面も随分増えましたが、それでも嫌なことがあるとすぐブスッとしたふてくされた態度をとるのは相変わらずでした。思春期に差しかかってくるとそれに加えて、特定の職員に対しちょくちょく悪態をつくようになりました。中でも担当の私に対しては、「あんた嫌い。嫌や。こっち来んといて」などと、かなり露骨に嫌悪感やイライラをぶつけてくるようになりました。私は棟のリーダーになったときから、（とくに思春期を迎えた）子どもたちの「壁」になって、「ここから先は絶対にダメ！」というのを身体を張って示すのが自分の役目だと思っていましたし、それなりに煙たがられる覚悟もしていましたが、毎日のように真正面から「大嫌い！」と罵られるとさすがにこたえてきて、正直「かわいくない！」「なぜそこまであからさまに嫌うの⁉」と腹立たしい気持ちになりました。とりわけ他の子どもたちや職員の目の前でこれをやられると、自尊心が傷つき、ものすごく惨めな気持ちになりました。いくら他の職員さんから「洋子先生だから、春菜もきっとあんなふうに言えるんですね。甘えてるんですね」と良いように言ってもらっても、当時の私はなかなか素直に受け取ることができず、むしろ「リーダーとしても、10年を超える自分の施設職員としてのキャリアにかけても、この子の他人を拒絶するかたくな態度を何としても変えていかねばならない！」という焦りばかりがどんどん募っていきました。

春菜のブスッとした態度は、学校でも時々見られるようになりました。担任の先生の言葉に納得いかなかったりすると、意固地になってその場から一歩も動かなくなったり、急に教室を飛び出そうとしたりするようになりました。どうしてそのようなことをするのか、一体何が春菜をそのような行動に駆り立てるのか、頑張って聞き出そうとしても彼女が口を開くことはありませんでした。

ピアノ・レッスン

そんなとき、転機が訪れました。ちょうどこの頃、子どもたちの間でピアノを弾くことが流行し、春菜も「ピアノがしたい」と言うようになったのです。職員の側にも「せっかくならしっかりとした講師のもとで習わせてあげたい」という思いがありましたが、予算や送迎など、施設ならではの難しい問題もあり、残念ながらすぐの実現には至りませんでした。そこで「まずは今できることをしよう」とピアノを弾ける職員を集め、施設の中でピアノ教室を開くことにしました。実施にあたって子どもたちには、「職員も練習メニューを研究したりして、よそのピアノ教室に見劣りしないような内容を提供できるよう努力すること」、「でもだからこそ、出された課題をきちんとこなしてこなかったり、レッスンの最中にすねたり悪態をつくようなことがあればすぐに辞めてもらうし、そのくらいの心づもりで来るなら来てほしいこと」を伝えました。最終的に春菜を含む数名の児童から希望があがり、施設内ピアノ教室はスタートしました。

ピアノ・レッスンの機会が定期的にもたれるようになったことは、当初、想像もしていなかったような良い影響を、私たちの関係にもたらしました。一対一で面と向かってやりとりするのがなかなか難しかった春菜と私との間に、「ピアノ」という共通の関心事が挟み込まれたことで、いわゆる「三項関係」が形成され、お互い向き合っていたずらに緊張感を高め合うという事態を避けられるようになったのです。

それからというもの、春菜はピアノの練習に熱心に取り組むようになりました。教える側が「このくらいできるようになれたらいいだろう」と考えているのよりも、さらに高いレベルを目指そうとする彼女の意気込みに触発され、私たちもどんどん指導にのめり込み、本気になっていきました。厳しく指導もするけれど、頑張ったら頑張ったぶんだけ十分にほめてあげる、そんなことを地道に繰り返す中で、ピアノ・レッスンの時間は私たち二人にとって特別な、そしてとても大切な時間になっていきました。

もちろん、なかなかうまく弾けずに泣き出してしまう日もあれば、サボり癖が出て叱られたり、時には「もうレッスンに来なくていい！」と追い返されて、イジケて部屋にこもってしまう日もありました。二人の間に緊張が走ったときには、「あなたはどうなりたいの？」「そのためには今、何をすればいいと思う？」と問いかけ、そして彼女が自分の意志で「ピアノがうまくなりたい！」と再び戻ってくるのを待ちました。

「本当に戻ってくるのかな…」という私の心配をよそに、春菜は毎週必ずピアノ・レッスンにやってきました。ちょっと前まですごく厄介だと思っていた意地を貫こうとする春菜の性格が、今や

「なにくそ！　ピアノだけは誰にも負けない！」と彼女を奮い立たせ、前に進むための原動力になっているのを感じていました。

「ほんっとうによく頑張ったね！」

腕をメキメキと上げていく春菜に、ある日、地域のイベントで演奏を披露してみないかという声がかかりました。二つ返事でそのオファーを受け、一生懸命練習に取り組んできた彼女でしたが、さすがに大きなホールで、しかも200名を超える聴衆の前で演奏するのは初めてということもあり、本番直前の舞台袖では緊張からフラフラになっていました。うつろな表情で「頭が真っ白になってきた…」と訴える彼女のことを、ドーンと構えて力強く励ますことができればよかったのですが、情けないことに私自身も春菜と同等かむしろそれ以上に緊張していました。気の利いた言葉など何一つ言えず、ただただ彼女の両手をギュッと握って、「どうか、この子の持っている力が存分に発揮されますように…!!」と祈ることしかできませんでした。

無事に演奏を終えて舞台袖に戻ってきた春菜のことを、私はありったけの力で思いっきり抱きしめました。「ほんっ…とうによく頑張ったね!!」。感動や安堵が入り混じった震えた声で私がそう伝えると、彼女も同じようにギュッと抱きしめ返してくれました。その手応えは、私に初めて「養育者として彼女に認めてもらえた」「お世話をさせてもらえた」と感じさせてくれました。

ピアノをめぐる一連の出来事は、私の中の春菜のイメージを確実に変えました。この頃になると、私は彼女に「本当は誰よりも頑張り屋で、自分の信念を持っている人なのだ」と、敬意にも似た気持ちを抱くようになっていました。

「お母さんに会いたい…」

春菜を取り巻く状況が少しずつ良い方向に向かい始めているのを感じていた矢先、大きな出来事が起こりました。父親が突然失踪し、まったく連絡がつかなくなってしまったのです。この事実を伝えたときの春菜の反応は非常に淡々としたものでした。まるで何もなかったかのようにこれまでと変わらずマイペースに毎日を送っているように見える彼女に、私たちは強い違和感を覚えました。「気持ちを押し殺したり溜め込んだりしなくてもいいんだよ」などと語りかけても、春奈は「べつに…。何も（親に言いたいことは）ない」と突っぱねるばかりでした。

でもあるとき、春奈の口から親に対する思いがこぼれ出ました。それは、まさかの「お母さんに会いたい…」でした。「物心ついたときにはすでに傍《そば》におらず、まったく記憶がない母親のことを、この子はずっと思い続けてきたんだ…しかもそれを誰にも言わず、長い間一人で背負い込んできたんだ…」そのように思うと胸の詰まる思いがしましたが、同時に彼女の抱えている悲しみにようやく少しだけ触れさせてもらえたような気もしました。

それからは定期的に両親への思いをこちらからも聞くようにしました。また、児童相談所の児童福祉司の協力も得ながら、新しく知り得たことはたとえそれがよい知らせでなかったとしても、なるべく包み隠さず伝え続けました。真実に触れることで彼女が傷ついてしまうのではないかという不安もなかったわけではありませんでしたが、「何かあっても、また一緒に乗り越えていければいい」という覚悟が私の中でできあがっていたのもあり、それほど迷いは感じませんでした。

今でもケンカはするけれど

小学校高学年になった春菜は、ピアノにとどまらず勉強面でも目標を持つようになり、それに向けての努力を積み重ねられるようになっていきました。そして、以前にも増して「ひとりになりたい」「静かに暮らしたい」と言うようになりました。ホームのみんなで出かけることになっても、「ひとりになりたいから行かない」と拒んだり、地域の子ども会の集まりも、「ひとりで家でゆっくり過ごしたいから行かない」「みんなが行ってくれたほうがホームが静かでいい」と断ったりするようになりました。とはいえ周囲を拒絶するというような感じではなく、ひとりで過ごす時間、言い換えれば自分の世界を大切にできるようになったのだと私たちは捉えていました。

思春期に突入した春菜とのやりとりはそれはそれでまた大変です。何か気に入らないことがあったときに不機嫌そうなブスッとした態度をとったり、意固地になってだんまりを決め込む姿は相変わらず見られますし、溜め込んだ感情が爆発したときには身体も大きくなっているのでなかなかの迫力です。そんな春菜の態度に職員の気持ちも思わず爆発し、「一体どうしたいの⁉ ちゃんと言わないと分からないでしょう‼」などと言い合いになることもありました。でも、ピアノ・レッスンのときの真剣な表情や、寝る前に二人きりで絵本を読んでいるときのあどけない笑顔を見ていると、必ずしもかわいいばかりではないけれど、でもなんだか憎めない、そんな愛おしさを感じました。そこが入所したばかりの頃と大きく違うところでした。

子どもと共に育ち合うこと

背丈は私を追い越しても、まだまだ春菜の心と身体はアンバランスです。とくに、10年ほどの間に二度も親から置き去りにされるという大変な経験を積み、小さな頃から自分で自分のお世話をすることを余儀なくされてきた春菜にとって、あたりまえですが「人を信じて頼る」というのはそう簡単にできるようになることではないのかもしれません。でも、考えてみれば私だってどのくらい人をきちんと頼れているか分かりません。自分の内側にそっと耳を澄ましてみると、「自分のことは自分でしなければならない」「ましてやリーダーという立場なんだから、なおさら周りに助けを求めて他の若い職員さんに迷惑をかけるなんてもってのほかだ！」なんていう声が聞こえてきたりもします。

おとなでも弱さをたくさん抱えている。そのことを隠そうとするのではなくきちんと認め、そのうえで昨日より今日、今日より明日、少しでもマシな存在になれたらと努力を続ける。そんな姿勢のもと、子どもと共に育ち合うことが、私たち養育者に必要なことなのだと、春菜との日々は教えてくれました。

同僚はこう見ています

心の中に住む人

同じホームの先輩保育士

春菜と洋子さん、二人がお互いに何らかの特別な絆を感じ合っていることは、傍で見ていてもよく分かりました。洋子さんの文章を読んでみて、「二人の間で実はこんな素敵なことが起こっていたんだ!」ということを改めて知り、温かく、またうれしい気持ちになっています。

私が春菜と初めて出会ったのは、冬を目前に控え、ずいぶんと風が冷たくなり出した時期でした。入所したばかりの春菜は、表情のとても読みづらい子どもで、無愛想で、またよく鼻を垂らしていました。寒い中、食堂の一角で、一人ぽつんと幼児イスに何をするでもなくジーッと座っている、そんなあの頃の寂しい姿を今でもときどき思い出します(先日、本人にそのことを話すと、「そんなことしてたっけ?」と言われましたが…笑)。

鹿深の家での暮らしに慣れてくるにつれ、さまざまなことに興味・関心を持つようになった春菜と、私は一緒にいろんなことをしました。植物を育てたり、虫を捕まえたり…。本当によく遊び、よく食べる子で、春菜は大自然の中ですくすくと育っていっているように見えました。

でも、いつの頃からか、私とケンカするたびに、「施設はおかしい!」「こんなところが変!」

「施設は何もしてくれないし、できない！」と不満を口にするようになり、何かと彼女自身が思う世間一般の「ふつう」を求めてくるようになりました。

そんな頃、施設内で習い事の取り組みが始まりました。洋子さんは謙虚な人だからあまり書かれていませんが、二人の関係はこの時期にグッと深まったように感じていました。紆余曲折《うよきょくせつ》ありながらも、春奈の中に「安心できる関係性」が形作られていく経過を、私は間近で見せてもらっていたように感じていました。

ピアノを通しての関わりは、正面から向き合っての一対一のやりとりを苦手にしていた春菜にとってホッとできる、新鮮なとても良い時間だったのではないでしょうか。まさしくケースカンファレンスでも言われていたような「三項関係」が成り立った結果なわけですが、この経験を通じて春菜は人とつながれることの心地よさをたくさん味わっていたに違いありません。

と同時に、練習をさぼって叱られた後も、生活の中でケンカをしてひどい言葉を浴びせた後も、レッスンの時間になればピアノのある部屋で必ず待っていてくれる洋子さんの姿に、「傍に居続けてくれる、変わらず自分に関心を向け続けてくれる人がいる」ということを感じ取っていたのではないかと思うのです。周りの人間に絆の存在を感じさせるような、そんな春奈の素敵な変化は、そうした感覚を彼女が少しずつ強めていった結果であり、言うなれば春奈の心の中に洋子さんが住み始めた証《あかし》なのではないかと私は思っています。

ただ、寂しいひとりぼっちの世界に住んでいた頃の彼女の姿も、私は未だに忘れられません。

私にできることは、ともに暮らす大人としてこれからも傍にいて、彼女を見守り、事あるごとに「ふつうって何？」ということを問われつつ、いっしょに施設生活を紡いでいくことだと思っています。

カンファレンスではこんなことが検討されました

赤ん坊は保護者から100パーセント世話をされ守ってもらえないと生きていけません。だんだん大きくなって「自分でやる！」と言い張るようになっても、大部分を世話され守られないとやっていけません。でも、十分な世話を受けられずに育つ子どもたちがいます。世話をされてもされなくても、世話されるべき事柄は日常にいくつもころがっているわけですから、それを保護者からやってもらえないと、子どもは自分で自分を守らなければなりません。何でも自分でやれる子は自立心が強いと高く評価されたりしますが、それにも限度があります。子どもが小さければ小さいほど無理なものは無理なのです。

自分を世話し守るためには〝武器〟が要りますから、自分が使える武器を子どもなりに探します。しかし、その武器はその場では役に立っても他の面では「不適応」であったりします。でも、一度手に入れた武器はなかなか手放せません。どうしたら手放せるか…自分一人で頑張らなくてもよくなったら、相手に自分を任せることのできる部分が出てきたら…ということになるでしょうか。

春菜の武器は〝不機嫌〟だったのかもしれません。成長に伴っていろいろな主張が表に出てきたことから、それまでもいろんな理不尽な体験について疑問や不満があったのにそれをどうにかやり過ごしてきたのではないか、それが不機嫌だったのではないかということが見えてきました。そして、不機嫌の理由が前思春期に入ってその輪郭を明確にしてきたときに、世の中のさまざまなことについても「なぜそうなの？」という疑問があふれ出てきて、仲間の中で自分のとるスタンスがわからなくなるとそこから距離をとったり、いま頭の中を占めている疑問について攻撃的に問いかけたりしている姿が想像されました。疑問は不安を伴っていると思うのですが、その不安の根源は「一体、私は誰を頼りに生きていったらいいんだ!?」というところにあるのではないでしょうか。

「頼りにする」ことは「世話され守られる」ことです。担当者がその守る役として安定して今そこにいてくれることは春菜にとって大きな支えになるでしょう。また、春菜のきょうだいたちとの関係もとても大切なこととして、定期的にきょうだいで一緒に過ごして面談する時間を設ける案も検討されました。「三項関係」にも言及されていますが、自分（第一項）と相手（第二項）とモノや状況（第三項）を介して関わることを指します。ピアノの練習もそれにあたりますが、介在するものを共有していることでの安心感は、相手との安定した人間関係の前提を作ってくれているように思います。

事例B

子育てにマニュアルなんてなかったんだ!!

恵子ケアワーカー
(杏奈の担当になって4年目)

ゴミに囲まれた暮らしの中で

杏奈《あんな》は小学校低学年の女の子。彼女の家はいわゆるゴミ屋敷でした。床も見えないくらい大量に溜まったゴミをかき分けてできたほんの少しのスペースで、杏奈とそのきょうだいは毎日ご飯を食べ、宿題をして過ごしていました。関係機関の方々がいくら頑張ってきれいにしても、家の中はまたあっという間にゴミであふれ返ってしまう…そんなことを何度か繰り返した後、最終的に杏奈は、「もうこれ以上、このような不衛生な環境に子どもたちを置いておくわけにはいかない」という児童相談所の判断によって、小学校に上がる前に、他のきょうだいたちと一緒に鹿深の家に入所することになりました。

入所までに児相の担当ケースワーカーからこのきょうだいの生育史について詳しくうかがう機会がありました。そこで印象に残ったのは、両親から聴取された在宅時のエピソードが、杏奈だけものすごく少なかったことでした。きょうだいの中には発達に遅れのある子もいたので、そちらにより多く手のかかったことは想像に難くありませんでしたが、「それにしても、もう少し何かないのかな？」と思わされるくらい彼女に関する情報は薄っぺらいものでした。そうした事実は、杏奈が目立たない存在として他のきょうだいに埋もれて育ってきたこと、そして、何か困ったことがあっても、その小さな頭と心をフルに使いながら、一人でどうにかしてきたことをよく物語っているように思いました。

私たち、初対面だけど…

私が初めて入所を受け入れた子どもが杏奈でした。当時、入職して2年目で、「一体どんな子なんだろう？」「どれくらいの距離感で関わったらよいのかな？」など、あれこれ考えてガチガチになっていた私とは対照的に、杏奈は自己紹介をしてすぐに抱きついてきました。「初対面の相手にこんなふうにまったく何も警戒せず、抱きついてくるなんて…!?」と強い違和感を覚えたこと、そして、「これが研修で教わった虐待を受けた子どものバウンダリー（境界線）の曖昧さか」と思ったことをよく覚えています。

空いているおとなを見つけると、一目散にダダダッと走っていって、すぐにベタッとくっつく。「距離が近いよ!」と言っておとなが引き剥がそうとしても、ギューッと強くしがみついてなかなか離れようとしない。こうした行動は杏奈だけではなく、彼女のきょうだい全員に共通して見られました。その様子はまるで、きょうだい同士でおとなをめぐる熾烈《しれつ》な椅子取りゲームをしているようでした。

マイペースな杏奈

施設での生活に慣れてくるのに伴い、当初私が気になっていた距離感の問題は少しずつ収まっていきました。よく知らない人になれなれしく話しかけてしまうということはまだ少し見られたものの、誰かれ構わずベタッとくっついて離れないというようなことはなくなりました。職員に対しても、チラッと確認して、自分のことを見てくれているのが分かれば、それ以上わざわざ抱きつきにいったりしなくても、また安心して、目の前の遊びや話の内容に戻っていけるようになりました。きょうだい同士の張り合い、おとなの取り合いというテーマも、それほど強くは感じなくなりました。

しかし、小学校に上がったのを境に、それまでとは少し毛色の異なる〝気になること〟が新しく出てきました。

それは杏奈のマイペースさでした。同学年の他の子どもたちと比べても、明らかに杏奈は話したり行動したりするペースがゆっくりな子でした。授業参観に行ったときも、他のクラスメイトがみんな次の作業に取りかかっているのにもかかわらず、彼女だけは一人マイペースに前の作業で使ったクレヨンを片付けていました。担任の先生から「もう少し急いでね、もう○○をする時間だよ」と声をかけられても、どこ吹く風といった感じで、ひたすら自分のペースでクレヨンをゆっくり箱にしまうのです。私がそのとき杏奈のクラスに滞在できたのは、ほんの15分程度という短い時間でしたが、それでも彼女が一人だけ流れに乗れていないことは明白でした。気になって、担任の先生に後から様子を聞いてみると、入学当初に比べると、少しずつ時間を意識しながら動けるようにはなってきてはいるものの、いかんせんマイペースな行動が目立つため、手を焼いているということでした。

どうしたらいいのだろう、もう限界…

施設の暮らしの中でも、同じような場面は頻繁に見られました。とにかく彼女は何をするのにもものすごく時間がかかりました。登校前の準備はもちろん、ようやく準備できてから家を出るまで、家に帰ってきてから宿題を始めるまで、宿題を始めてからやり終わるまで…挙げていくと本当にきりがないくらい、いちいち彼女は時間がかかりました。その様子は、見ている周囲の人間をかなりイライラさせるものでしたし、「目玉焼きにかけるの、ソースとしょうゆどっちにする？」といったレベルの、ほんの些細《ささい》な問いかけに対しても「んー…⁇」といった感じで答えるまでにものすごく時間がかかったため、我慢しきれなくなった周りの子たちととにかくよくトラブルになっていました。

また、自分のしたいことを止められると、大声で泣くというのも杏奈の特徴でした。宿題にゆっくりゆっくり取り組んでいる最中に、「外に遊びに行きたい」「ゲームをしたい」と言い出すということがよくあるのですが、そこで「やらないといけないことを先にしてしまいなさい」と返すと、突然火が付いたように泣き出すということがたびたびありました。一度このスイッチが入ると杏奈は鹿深の家の広い敷地中に響きわたるようなものすごく大きな声で、30分でも1時間でもずっと泣き続けるのでした。その激しさは、「一体あの小さな身体のどこにそんな力が！」と、こちらが思わず驚かされるほどでした。

杏奈にとっても周囲にとっても、この状況はかなりしんどいものでした。とはいえ、先程の例だと、なぜ泣いていて、どうしてほしいのかはよく分かります。ですので、泣き出した杏奈への関わり方も明確ですし、先手を打ってトラブルを回避することもできます。

困らされるのは、どうして泣いているのかよく分からない場合です。そういうときの杏奈はこれでもかというぐらいの大きな声で泣き、質問しても「ウーウ、ウーウ」と言うばかりで、まったく収拾がつきません。今まで普通に過ごしていたのにもかかわらず、本当に急に、本人にしか分からない、もしくは本人にすら分からない些細な（と思われる）理由で、その状態に陥ってしまうことがたびたびありました。こうなると、誰がどのように声をかけても、働きかけても、小さな赤ん坊のようにひたすら泣き続けます。ひどいときには、泣きながら車も通る道路にベタッと寝そべってしまったりすることもありました。

このような困った事態になるべくならないよう、先手を打って色々と試してみるのですが、昨日うまくいった方法が今日は裏目に出てしまうなど、今一つ、手応えを感じにくいような状況でした。「こうしたら多分こうなるだろう」という予想がなかなかつかず、一度泣き出すと何を言ってもひたすら泣き叫び続けるため、次第に私自身の気持ちも追い込まれていきました。「どうしたらいいのだろう、もう限界…」そんなふうに感じる毎日が続き、私は次第に彼女と極力関わりたくないと思うようになっていきました。気持ちの余裕が失われてイライラしている状態だと、どうしても他の子どもたちへの関わりにも悪い影響が出てしまい、またそんな自分に嫌気がさして気持ちが落ち込み、さらに余裕をなくしていく――そんな負の連鎖の真っただ中に私はいました。

じゃあ、どうしてほしいの？

「どうしたら彼女とうまく関わることができるだろう…」。毎日思案に暮れる中で、まずは彼女の思いを聞くこと、気持ちを汲み取ることを大切にしようと考えるようになりました。しかし、そう簡単にはいきません。彼女の思っていることをあれやこれやと想像し、何とか言葉にして伝え返してみるのですが、「違う」「嫌だ」とはねつけられるばかり…。まったく気持ちを汲み取ることなどできませんでした。そのときに思ったことをもう少し正確に表現すると、私が想像して伝え返す彼女の気持ちの内容自体は、それほど実際とずれていなさそうなのに、どういうわけか、あえて「違う」と否定してきているような、そんなあまのじゃくな感じがしていました。「一体、何がしたいの？」「じゃあ、どうしてほしいの？」「ちゃんと言葉にしてくれないと分からないよ！」。そんなふうに思い、どんどん感情的になるのにつれて、私は杏奈に少しずつ、突き放すような態度をとるようになっていきました。案の定、杏奈の行動はヒートアップし、事態はさらに悪い方向に突き進んでいっているように見えました。

もうすぐプールが始まるね

そんなとき、杏奈との関わり方のヒントを得るような出来事がありました。

その日、杏奈は、登校中に一人、急に歩くスピードを落としました。後を歩いていた上級生から「早く歩いてよ!」と言われ、より一層ゆっくり歩く杏奈。さらには私の手を後に引っ張って怒り出し、「んーん!」と言って歩くのをやめてしまいました。内心「あーあ、また始まった…」と思いつつ、いつものように彼女に「何が嫌だったの?」「もしかしたら、○○が不満だったの?」などと聞いてみましたが、杏奈の答えはやっぱり「違うのー」の一点張りでした。もはや私に気持ちの余裕など一切なく、「ついてきてくれないかな」と願いながら無言で先に歩き始めました。すると、杏奈も同じように無言でついてはきてくれたものの、止まってふり返ると彼女も立ち止まるというような、まるで「だるまさんがころんだ」のような状態になりました。そのまま、ようやく学校の近くにさしかかったとき、急に杏奈が走ってきて、私と手をつないできました。「機嫌の上向いたこのタイミングで、もう一度気持ちを聞いたほうがいいのではないか…」とも思いましたが、もはや話しかける気力がわかず、私は再びうつむきました。どうしたらいいのか、何が正解なのか、もうよく分からなくなり、たまたまプールが見えたことを受けて、「もうすぐプールが始まるね」

と、まったく関係のない話を彼女に振りました。すると、これまでの態度が嘘のように、杏奈はペラペラとプールにまつわる話を楽しそうに語り始め、そのままスムーズに学校に行くことができました。登校後も非常に調子よく過ごしていたようで、放課後、私がお迎えに行き、顔を合わせたときも気まずそうな様子は一切見せず、いつもと同じように甘えてくる姿がありました。そんな杏奈を見ていると「わざわざ話を蒸し返さなくてもいいか…」と思えてきて、その後もこの話についてはとくに触れるようなことはしませんでした。

相談したから展開できた

このように、違う話題に注意をそらし、そのまま後からふり返りもせず、まるで何事もなかったかのようにして過ごすというのは、杏奈にとっても私にとってもあまりストレスを感じなくてもよい形でした。しかし、その半面、「小学生の子どもに対して、このようにごまかしながらなんとなく過ごしていって本当によいのだろうか？」という疑問を抱いたのも本音です。そのため、私自身、積極的にこの方法を採ることができませんでした。ただ、当時の私にとって、これ以上彼女とうまく付き合える方法が考えつかないのも事実だったので、先程の例のように手の打ちようがなくなったときは、違う話題にすり替えて、杏奈が調子を取り戻せるようにしていました。

その後も、私の中には「このやり方で本当にいいんだろうか…」という問いがずっとうずき続けていました。自分のやっていることに自信が持てず、「もしかしたら、よくないこと、支援者としてとがめられるようなことをしているのではないか…」とすら感じていましたが、これ以上杏奈のことを考えることが苦しく、なかなか別の方法をとることもできませんでした。完全に行き詰まってしまった私は、他の職員さんに、今の自分の状態をそのまま話し、相談することで、なんとか活路を見出そうとしました。効果は抜群でした。自分一人で考え込むよりも、他の人に聞いてもらうことでさまざまな視点から杏奈のことを考えられるようになり、私の中の彼女に対する思いにも、少しずつ変化が出てきました。

まず、杏奈に対し、話題をすり替えて気持ちを立て直させることについて、「杏奈にとってそれが心地良い関わりならば、それは間違ってはいないんじゃないかな。ありふれた子育ての方法の一つで、普通の親はみんなしていることのような気がするよ」という意見を聞き、「確かにそうかもしれない。結果として、杏奈が心地良く過ごせる時間が少しでも長くなるというのであれば、それはそれで意味のあることなのではないだろうか」と思いました。子どもの話を聞いて、その気持ちを代弁し、共有していくことも間違いなく大切ですが、それにとらわれすぎるあまり、おとなも子どももしんどくなるという状況を、私自身が作っていたのだと気づき、ハッとしました。

年齢相応にこだわっていたけれど

また、杏奈にはたくさんのきょうだいがいます。とくに、きょうだい同士の年齢が近かったため、杏奈一人がおとなに見てもらえる、構ってもらえる時間というのは極めて少なかったことが予想されます。そのため、杏奈は年齢こそ小学生ですが、中身はまだまだ幼い子どもで、おとなにまだまだたくさん構ってもらいたいと感じているはずです。

今まで私は、「杏奈は小学生だからこれくらいできるようになってほしいな」という思いを持って、簡単なことであれば杏奈が頼んできても自分でしてみるようにと声をかけていました。そこで、その点を改めて、簡単なことでも杏奈の気持ちに応えるようにしてみました。すると、自分のしてほしいことをしてもらえたため、いたずらにぐずることもなく、気持ちよく次の作業に移ることができるようになりました。杏奈に対し、「あるべき小学生の姿」を求め続けるのをやめて、その育ってきた環境やその子なりの心の成長段階をよく考えながら関わるようになると、さらに笑顔が増え、お互いに気持ちよく過ごせる時間が長くなりました。こうして少しずつ、杏奈に対して抱いていた負の感情が収まっていき、余裕を持って接することができるようになりました。

子育てにマニュアルなんてなかったんだ!!

私は学生時代、「アタッチメントを形成することが大切だ」「そしてそのためには、行動の背景にある子どもの気持ちを理解し、寄り添うことが大切だ」と、徹底的に教え込まれました。児童養護施設で働き出してからも、いろんな研修の中で同じような話を聞くことが多かったので、「大事なことはこれなんだな」と、何だか分かったような気になっていました。今思うと、それは「これさえしていたらとにかく大丈夫、安心です」という〝子育てマニュアル〟を、自分の中に作ることになっていたのだと思います。

もちろん、この学びが活かされて、子どもとうまく関係が作れたケースもありました。しかし今回、私が杏奈との関係から学んだことは、このマニュアルがすべてではないということでした。「マニュアルがすべてではない」なんて、すごくあたりまえのことを言っているなぁと思います。でも、いざ子どもを目の前にすると、心細くなって、自分で考える自信がなくなってきて、マニュアルみたいなものに頼りたくなって、「泣き叫んでいるけれど、このやり方で正しいんだよな…?」とか、そんな柔軟性を欠く、四角四面な発想しかできなくなったりすることがあるのです。少なくとも私はそうでした。

笑顔が正解のサイン

子育てに完璧なマニュアルなんてありません。あるのはその子ども一人ひとりに合った関わりの方法、ただそれだけのように思います。たとえ、それまでに自分が学んできた「ふつう」や「こうあるべき」という方法と違う関わりであったとしても、その結果、子どもが笑顔で過ごせる時間が増えるのであれば、それがその子にとっての子育ての正解になる場合もあるのだと思います。

子どもが笑顔でいること、そして、おとなも笑顔でいること。言葉にするとものすごく簡単に見えますが、実際にはとても難しいことです。たくさんの方法を考えて、試して、失敗して、傷ついて…そんなことを繰り返す中で、その子に合った方法、子育ての正解というのは必ず見つかってくるものだと私は信じています。「笑顔」をキーワードに、これからも杏奈と楽しく生活を送っていきたいと思っています。

同僚はこう見ています

全力で受け止めたい

同じホームの後輩保育士

恵子さんが杏奈と出会ったのは入職して2年目のとき。初めて入所を受け入れた子どもだったそうです。でも、全くそんなことを感じさせないほど、杏奈は恵子さんに深い安心感を抱いているように私には見えました。

杏奈は恵子さんのことが本当に大好きです。傍から見ていてもそれは明らかで、特別な存在だと感じている様子がありありと伝わってきました。厳しいネグレクト環境で育った杏奈にとって、どんな時も甘えを受け止めてくれ、気持ちに応えくれる恵子さんとの出会いは、まさしく「見つけた！」と感じるような衝撃的なものだったと思います。

実は杏奈よりも先に恵子さんのことを大好きになった子がいました。それは入所してすぐの頃から杏奈がずっと憧れを感じていた同じホームの年長の女の子でした。これも杏奈の中で恵子さんが特別な存在になったのと何かしら関係があるような気がしています。

入所当初はその整った容姿と無邪気な笑顔で、誰からも可愛がられていた杏奈でしたが、日を追うごとに、彼女に対してしんどさを感じる職員さんが増えていきました。しんどさを感じるようになる原因の一つは、おとなに構ってもらうためには手段を選ばないという、やや過激な杏奈のやり方にあると私は思っていました。特に恵子さんに関わりを求めていくときの杏奈の独占欲はすさまじく、長い時間、足にギューッとしがみついて全く離れなかったり、用事もないのに何度も恵子さんの名前を連呼して、来てもらえなかったら泣きわめいて暴れるといった激しい行動が頻繁に見られました。

見かねた同じホームの職員さんや、時には子どもたちまでもが、恵子さんに執着する杏奈の気持ちを何とかやわらげようと、あの手この手で働きかけました。関係ない話を突然ふってみたり、冗談を言って笑わせてみたり…。それで杏奈の気持ちが切り替えられ、しがみつきが解消されることもありましたが、いずれも一時しのぎにしかなりませんでした。誠実な恵子さんにとって、こうした場当たり的な対応をとることは、確かに楽にはなるかもしれないけれど、どこか本筋から外れた正しくないやり方をしているように感じられるもののようでした。

恵子さんが抱えていた、「私が杏奈にしていることは、本当に良いことなんだろうか…?」という迷いは、ホームの会議でも何度か取り上げられました。その中で触れた恵子さんの、妥協することなく杏奈との関係をとことん考え抜こうとされる真摯な態度や、連日あれだけのことをされているにもかかわらず、それでも「可愛い」という思いを持ち続けておられた愛情深さに、私は圧倒されました。普段から本当に穏やかで優しい恵子さんの「強さ」を、そこに見た気がしていました。

杏奈の「私を見てほしい、構ってほしい」という切実な気持ちに、いつも一生懸命向き合ってこられた恵子さん。その後、問題だったおとなに構ってもらうための激しいアピール行動は徐々に収まっていくわけですが、これは恵子さんの「全力で受け止めたい」という一貫した誠実な態度が、杏奈に「わざわざ注意を惹くような行動をとらなくても、変わらず関心を寄せ続けてくれるおともいるのだ」と感じさせたからだと私は思っています。

カンファレンスではこんなことが検討されました

対人交流について考えるとき、「主導権」とか「悪循環」などの概念を用いると理解しやすいと思います。主導権とは、リーダーシップを持って引っ張るだけではなく、「負けるが勝ち」というのも含みます。主導権をとろうとすると相手も主導権をとられまいとして主導権争いが始まり、それが繰り返されると悪循環の交流ということになります。ですから、どう上手に主導権を取り返すかということが課題になってくるし、それが実現したら良循環に至るわけです。

保護者が養育のリーダーシップ、つまり主導権をとってくれると、子どもはそのもとで安心して暮らせます。つまり、保護者（相手）に主導権をとられている状況が心地よいわけです。でも、養護上の問題のある環境下で育つと自分で自分の世話をしなければならない、つまり自分で自分の主導権をとっていかざるを得ません。そうすると、相手に主導権をとってもらえている心地よさを味わった経験が少ないことになるので、人間関係の中で自分にとって相手といい関係を持てている心地よさを作り出すために自分が主導権をとることにやっきになります。でもそのやり方が自己中心的で相手を戸惑わせたりすると相手も主導権をとられまいとするので、悪循環にはまってしまいます。ちなみに、主導権を相手からとられているときは、困ったり、慌てて焦ったり、怒ったり、イライラするものです。

担当者が困らされる杏奈の行動は、この主導権をキーワードにして考えてみることができるでしょう。担当者が杏奈の行動にこだわって真正面から対応しようとすると杏奈はその行動を継続するという悪循環が成立しますが、担当者がその悪循環に入らずに話題をかえると、杏奈にとっては担当者に主導権をとられてしまうものの悪循環から脱して心地よい交流ができる、つまり良循環に至るというものです。ということは、杏奈の最初の行動自体に何か明確な意図が込められているわけでもなさそうで、それは気分レベルのものかもしれないし、悪循環によってその気分がより濃くなってしまうのかもしれません。

担当者が杏奈の言動を受けて、悪循環に陥らないように工夫してあげるのがよいのではないでしょうか。話を変えたり、茶化したりなどもおおいに結構で、なぜならそれはすべて担当者や相手がしてくれることで、その体験自体が周りに主導権をとられて心地よいという体験になっているのです。そんなことの生活の中での繰り返しは、「あなたは一人で頑張らなくていいのよ」というメッセージを伝えていることにもなるのだと思うのです。

編集委員ディスカッション❶
～とらわれすぎず、ありのままで～

動物的・本能的

❖春菜の事例は、ベテランの洋子さんの経験談です。ベテランなのである程度の自信や自負、そして関わり方の引き出しも実際にたくさんもっていましたが、どうもこの春菜についてはうまくいきません。甘えてきてくれなかったり、お世話をさせてくれませんでした。この二人の関係の転機になったのがピアノのレッスンと発表会でした。発表会の直前には極度の緊張から二人ともフラフラになってしまうわけですが、無事に終わったときに、洋子さんは安堵で「ほんっ…っとうによく頑張ったね！」と言いながら、春菜を抱きしめました。春菜もまた洋子さんを抱きしめ返すということが起きたのです。生《なま》の動物的・本能的なところでの交流です。ベテランになると「こういう子にはこう対応するのがよい」と関わり方がパターン化してくるきらいがあり、それはこの仕事につきものの「垢《あか》」のようなものですが、そこから抜け出し再度「心」を使って新鮮に関われるようになるためには、この動物的・本能的なところを活性化していく必要があるように思います。

❖杏奈の事例では、就職して間もない若手の恵子さんがアタッチメントなど大学で学んだことを学んだ通りに実践していたのですが、それではどうもうまくいきませんでした。そこで話題を変えて子どもの注意をそらせると、杏奈はスッと気持ちを立て直してくれたように見えて、恵子さんの中に「アレ?」という感覚が生じたわけです。学んだ理論にもとづいた関わりと異なることをしている自分について「これでよいのだろうか」と心配になりましたが、ベテラン職員から「それで杏奈が笑顔でいられる時間が長くなっているのなら、その変化自体が関わりの正しさを物語っているのではないか」と言われ、これまで軽視しがちだった自分自身の感覚や思考を大切にすることの大切さに気づいて自信を取り戻しました。まさしく「子育てにマニュアルなんてなかったんだ」という境地です。目の前の杏奈とのやりとりを通して、恵子さんはまさしく杏奈から教わったのです。

❖この二つの事例に共通しているのは、他ではない目の前のその子の求めていることにフィットした関わりをするには、「今、ここで」の関係の中での子どもの言動と、それに応じて職員の側に生じてくる「感じ」や「思い」を手がかりに、地道に模索することが大切だということです。もちろん、「理論」や「経験」を軽く見て無手勝流にやっていいということではありませんが、その限界も同時に知っておくことが大切なんじゃないかと思います。

自分一人の限界

❖両事例とも小規模養育の弊害、職員の孤独のテーマがもろに出ていると思います。若い職員が子どもへの接し方についてモデルを得るような機会が十分でないこともそうですが、すべて自分で試行錯誤しながら進めていかねばならない苦しい立場に置かれている点についてとくにそう思います。これは子育てを始めたばかりの母親とまったく同じですよね。子育てについて親族や近隣からサポートを得にくかったり、子どもの泣き声が外に漏れたら「虐待を疑われるんじゃないか」と心配せざるを得ないような地域環境の中で、結果的に子育てはすべて一人で考えてやらなくてはならなくなっています。ただ、施設職員の場合は交代勤務で24時間365日絶え間なく子どもと顔を突き合わせているわけではないので、休日に気持ちをリセットすることもできますが、これが一般家庭となるとなかなかそうはいきません。

❖春奈は「お世話させてもらえない」し、杏奈は「泣き止んでくれ」ません。洋子さんは「お世話ができる」ベテランとして、恵子さんは「理論頼り」の若手としてという立場は異なりますが、こういうことがあると養育者としての自分のプライドがすごく傷つくんだと思います。「この子にお世話をさせてもらえて、心を許してもらえたら勝ち」みたいな気持ちってちょっとあったりしませんか。負けていると思うと自己評価と自尊心が下がり、そんな自分を見せたくないと外にSOSを出すことが難しくなっていきます。「困ったらSOSを出そう」と呼びかけてはいても、「言うは易しだけど…」みたいなことが実際にはあったりするんだと思います。そこにはまり込まないためには、「自分には限界があって、分からないところがあって」というあたりまえの部分を見つめて向き合う必要が出てきます。向き合わないと、「いや、この関わり方で正しいから」「理論的には間違ってないから」「おかしいのは子どものほうだから」…と開き直ることにもなりかねません。

養育者の心理的安全感

❖養育者は不安です。その不安をカバーするために、「正解」や「理論」、「専門家」とかにもたれかかりたくなるんじゃないでしょうか。「正解」から外れてしまって世間から「虐待だ!」と言われることを恐れているような、そんな緊張感が一般家庭の保護者にも施設職員にもある、つまり「心理的安全感」といわれるようなものが脅かされている感じを受けます。

❖育児にはいろいろあってよさそうなのに、育児関係のネット記事などにはさも正解があるように書いてあったりしますよね。「子どもにあんまり『ダメ』って言ったらダメ」とか。でも「ダメだ」って言わなくて済んだらそれもいいのかもしれませんが、最初からそれをねらうなんてどうなんでしょうか。目標としている育児のレベルがあまりに高すぎるというか、非現実的だというか…。たとえば「オーガニック」で「無農薬」の野菜を毎日食べられたらいいのかもしれませんが、実際には稼ぎにも限界があって安いものを買わなければ仕様がありません。それでも子どもは育つし、むしろ無菌状態にある子よりも強くなるかもしれません。

これまでとは一味違う展開

❖洋子さんは自分でも言っていたのですが、「なんとかしよう、なんとかしないといけない」との思いが強く、それも「(自分の積み上げてきた経験にもとづいて)『自分(ひとり)で』何とかしよう」となりがちなんですよね。そして、うまくいかないことについてもそれを「表に出したらダメ」「弱音を吐いたらダメ」となってしまうようです。そんな洋子さんの事例で最高に興味深いのは、洋子さんが少し違う面を見せたとき、つまり感情的になるとか弱みを見せるとか、そういうときに事態が進展しているように見えるんです。不思議です。恵子さんにも「ふり返りをしなければ」とか、「問題を起こした子どもに対して、そのことに触れずに放っておくなんて絶対にしたらダメ」など、気負いのようなものが普段よく見てとれます。そういう「こうでなければならない」という思いに縛られすぎると、子どもにもおとなにも不自由で堅苦しい状況を生んでしまいます。でも、そこにとらわれなかったから「あぁ、こんな方法もあるんだ」と視界がパーッと開けてきて、杏奈との間でこれまでとは一味違う展開が生まれたようです。

❖そのような展開に力を貸すのは、周りの人たちからの声がけじゃないでしょうか。私が若手の頃、「(子どもに) こうさせなければダメだ」と思って、よく子どもと衝突していました。でも、「そこまでしなくてもいいんじゃないの」と周りから言ってもらったのをきっかけに、だんだん「学校にも行って、やることはやってるんだから、細かいことはまあいいか」と思えてきて、それにつれて見えるものが増えていったように思います。

❖洋子さんが最近、「自分で解決できないことをようやく他の人に相談できるようになってきた」と言っていて、自分が子どもを産んで育てる中で、もう背に腹は代えられないと感じた結果ということでした。先ほど述べたように、洋子さんはとても責任感が強くそのように業務も行っていましたが、「我が子の育児」の体験の中ではじめて身動きがとれなくなったそうなんです。その結果、旦那さんを頼り、二人で以前よりもいろんな話ができるようになったと話していました。「そんなふうに相手に頼れるようになってくると『お互い様のおかげ様』という関係が生まれてくる。それが長く施設の仕事を続けていく秘訣じゃないかな」と伝えると、「そういう考えもあるんですね」と言ってくれました。

❖子どもに心配な行動や状態があると親はびっくりします。そして「この子の中に悪いものがある」とか「私の育てほうが悪かったんじゃないか」と不安になります。ところが、この二つの事例の中で起こっていることを見てみると、子どもは小さいけれどちゃんとおとなと人間関係をとっているということがわかります。どういうことかというと、たとえば、子どもの行動に対してお母さんは「この子はこうだ（悪い性格がある）から！」と怒っているかもしれないけれど、そうやって怒っているお母さんの顔が険しいから、その険しい顔をちょっとでも明るい顔にできないかなと思案しているところがあって、でもその努力の結果が実は反対にお母さんの気に入らないことになってしまっている…というようなこともあるかもしれません。そう考えることができてお母さんが対応を変えると、違う展開があり得るわけです。つまり、子どもの悪い性格を決め込むことからくる養育者と子どもとの悪循環を切ることのできる可能性です。これは子どもとの間だけのことではありません。人間関係においては対応によっていろんな展開があり得ることを示唆してるんじゃないでしょうか。

2

私の感覚を私が信じる

事例C

“嵐”の中で私がしていたことは

響子ケアワーカー
（広志の担当になって10年目）

後回しにしてしまってごめん

「今度やってくるのは大変な子だからね」

広志について私が初めて聞かされたのは、先輩職員のこんな言葉でした。この頃の私はまだ大学生で、実習を通して児童養護施設の仕事に興味を持ち、アルバイトとして働いていました。すでに何度か新規入所は体験していたのですが、それまでとは明らかに違う緊張感で、この子に関わる施設全体の動きにただならぬ雰囲気を感じていたことを今でもよく覚えています。

施設にやってきた直接の理由は母親が逮捕されたからでしたが、広志の生い立ちにはたくさんの「分からないこと」がありました。当時の児童相談所の担当者も「あんなにひどいネグレクト環境でこれまでどうやって生きてきたのか、まったく見当がつかない」と言っていたそうです。

私が初めて広志と出会った日。職員さんに手を引かれてリビングに入ってきた広志は、〝ぽやん〟とした表情とクリっとした丸い目が可愛い小柄な男の子でした。淡い水色のパジャマがとてもよく似合っていたのを覚えています。「どんな子が来るのだろう…」と身構えていた私は、少し拍子抜けするような、そんな感覚になりました。

大学卒業後、私は鹿深の家に就職し、広志が暮らすホームの担当になりました。私が入職してしばらくの間は、ホームの最年少として可愛がられていた広志ですが（私たちはこの時期を広志の「黄金時代」と呼んでいます）、ほどなく新しい入所があり、彼は「小さなお兄さん」になりました。新しくやってきた幼児さんは絶えず動き回っているようなお子さんで、ひとときも目を離せず、職員の手はそちらにとられるようになりました。広志に対し「ごめん、ちょっと待っててね」と言うことが増え、また、後回しにされたまま眠ってしまった彼の寝顔を見ていると、本当に胸が痛くて、

「何もしてあげられなくてごめんね…」と心の中で何度も謝りました。

「まだ何も分からない子」じゃなかった

そんなある日の夜、ベッドに横になっている広志に「そろそろ寝ようね」と布団をかけようとしたところ、こちらの不意をつくような感じで、彼は母親から受けた暴力の内容を語り出しました。天井を真っ直ぐ見上げたまま、そのときの状況を身振り手振りを交えながら事細かに説明する広志。次第に涙がにじんできて、両手で涙をぬぐった後は、何も話さなくなりました。あまりにも突然の出来事に、私はどう声をかければいいのか分からず、ただただその話を聞くことしかできませんでした。

私はこのとき、過去の体験というのは子どもの中にとても鮮明に記憶されていて、まるでタイムスリップしたかのようによみがえるのだということを身をもって知りました。そして同時に、どことなく幼い普段の様子から、自分が広志のことを「まだ何も分からない子」と決めつけていたのを自覚し、はっとさせられました。

このやりとりを境に、広志は私に母親のことを聞いてくる機会が増え、「お母さんに電話してよ」と頼みに来ることもありました。当時、刑務所に収監されている母親とは、私たち施設の職員はもちろん、児相のケースワーカーですらまだ接点を持てていないような状況でした。「母親が捕まっている」という事実の告知すらできていない広志に、ありのままを伝えられるはずもなく、私は「電話番号が分からないから、また聞いておくね」と返すのが精いっぱいでした。「そうなん、また聞いといてな」と言い残し、その場から去っていく広志に申し訳なさを感じつつ、でも他の良い言い回しも思いつかず…。そんな中で、私は次第に「事実をそのまま伝えたって、きっと理解できなくて、いたずらに混乱させるだけだ」と考えるようになり、広志もいつしか「母親に電話をしたい」と言わなくなっていました。

広志と一緒に暮らすようになって半年が過ぎた頃、私は先輩職員からある相談を受けました。それは「広志って突然、まるで人格が変わったみたいにならない?」というものでした。「ついさっきまですごく機嫌良く過ごしていたかと思うと、突然スイッチが入ったように般若のような顔で怒り出すし、一度そのスイッチが入ると収まるまですごく時間がかかる。でも、次に自分の部屋から出てきたら、まるで何事もなかったかのようにケロッとしていて、大人にも普通に接してくる」。一連の先輩職員の話を、「この職員さんにはそういう出し方をするんだな…」と思いながら何となく聞いていた私でしたが、数年後、広志のこの「出し方」に、私自身も散々に翻弄されることになるのでした。

この子、ふつうじゃないんじゃない⁉

その後、職員体制が大幅に変わったり、新しい子どもが入所してきたりする中で、私の配属されていたホームは大きな荒れを体験しました。「大人に対する不信感」という点で結束を強めた中高生たちの「職員、潰したろうぜ」という言葉が、じわじわ現実になっていく日々。まだ小学生だった広志は、本格的にその集団に取り込まれることはありませんでしたが、荒れている子どもたちのたまり場になっていた部屋に連れていかれるということがありました。私は心配になって広志の後をついて行きはしましたが、廊下から聞き耳を立てるのが限界でした。しばらくすると部屋の中から広志の泣き声が聞こえてきました。居ても立ってもいられなくなった私は、急いで先輩職員に助けを求めに行き、なんとか広志を救出することに成功しました。きっと恐い思いをしたに違いないと心配してかけよってみたものの、当の広志の様子は何だか少し変でした。気になって先輩職員に部屋の中の様子を尋ねたところ、広志は職員をからかうために、中高生から泣きマネをするよう指示されていたことが分かりました。つまり、この一連の出来事は、荒れている子どもたちの「暇つぶし」であり、幼い広志は見事にひっかけ役を成し遂げたというわけです。驚く私を尻目に、広志はニッと笑顔を見せました。「え、その笑顔なに⁇」。見抜けなかった自分に対する恥ずかしさと一緒にこみあげてきた「この子、ふつうじゃない」という強い思い。私は広志に対するこの気持ちを、その後長く引きずることになりました。

もう無理!!

もちろん、広志とは楽しく過ごせる時間もありました。その一つがいっしょに絵を描くということでした。広志はキャラクターの絵を描いてもらうことが大好きで、これは私にとっても良い息抜きになっていました。

ですが、その関わりも、「次、これ描いて」という広志からの際限のない要求と、私たち職員の側の時間的な余裕のなさから、少しずつ形を変えていきました。こちらが「また今度ね」と言って切り上げようとすると、態度が急変し、鬼のような形相で激しく責め立ててくるようになったのです。いくら一生懸命に尽くしたとしても、完璧に要求を満たしてくれない私は、広志にとってはしょせん「使えないヤツ」だったのでしょう。

心の中に徐々に広がっていく広志への怒りや無力感。私はそれをさまざまな形で彼にぶつけるようになっていきました。「こっちの気持ちも考えてよ!」という気持ちが抑えきれず、「もう無理!」と途中で投げ出してしまったこともあります。こんな言い方をしても絶対に広志には伝わらないと分かっているのに、難しい言葉をマシンガンのようにぶつけたこともあります。そして多分、知的な遅れのある広志にとって一番傷つくであろう、「このくらい、ふつうは分かるだろう」というあきれた態度でまともに取り合わないこともありました。

さらに追いつめられて

知的にハンディキャップを持つ広志は、言葉だけのやりとりでは理解が不十分になることが多く、何かを伝えるときには個別に説明するなどの配慮が必要でした。広志自身、自分のそういった特徴に気づいている部分もあるのですが、どちらかというとまわりにそれを悟られまいと、他の子たちの話に必死に合わせようとする姿のほうがホームでは目立ちました。しかし、努力だけではどうしようもないこともやっぱり多く、他の子から「お前、意味分かってないやん」と指摘されてしまうことがよくありました。集団の中で下の弱い立場に置かれてしまう危険性を痛いほど知っていた広志は、なんとか相手のマウントをとろうと必死でした。言葉尻を捉えてからんだり、それでも相手が屈しない場合は、過去にその子が失敗した話題を（一部、誇張するような形で）唐突に持ちだし、無理やり弱みに付け込むという姿が目立ちました。

広志はこうしたやり方に一定の手応えを感じていたのでしょう。子どもに対してだけでなく、次第に大人に対しても同じような態度をとるようになっていきました。さっきまでの話題が唐突に終わったかと思うと、「あのとき、お前さ、俺にこういうことをしたよな」と急に過去の出来事を持ちだし、私から理不尽な対応を受けたと主張し始める広志。「どうだ！　ここがお前の弱みだろう！」と言わんばかりに、得意げな様子で話し続ける彼の姿を見て私は、「なぜ今その話をする必要があるの？」という混乱と、「ああ、あの出来事をこの子はそんなふうに受け取っていたんだ…」という落胆とを感じていました。なかなか屈服しようとしない私に広志は、さらに追い打ちをかけるように「俺はお前に首をしめられた！」「悪くないのに一方的に俺のせいにされた！」などと涙ながらに訴え、謝罪を求めるのです。広志は私に対して「面倒くさい！」とよく言っていましたが、まったく同じ気持ちを私も彼に抱いていました。

広志とこれからどう付き合っていけばいいのかさっぱり分からず、途方に暮れていた私は、まわりの職員さんたちによく相談をしていました（半分は愚痴でしたが…）。広志の「出し方」に対するさまざまな見方をアドバイスとしてもらい、そのときは「やってみよう」という気持ちになるのですが、実際に彼と向き合うと、いつも決まって「言った、言わない」の泥仕合になってしまいました。広志に対する「分からなさ」は日増しにぬぐいがたいものとなり、絶望にも近い無力感に苛まれるようになった私は、彼がどうしてこのような出し方をするのか、考えることをあきらめるようになっていきました。そして同時に、「理由はとにかく、彼の間違った行動を職員として正さなければ！」と思うようになりました。その結果、広志は私からいっそう厳しく否定され、追いつめられていくことになったのです。

あなたの考えに触れて

その後も広志との生活は続きましたが、度重なる衝突に、私は身も心も疲弊しきっていました。この時期、「話をしても手応えがない」という強いむなしさを、私と広志はお互いに対してそれぞれ感じていたと思います。もはや何も良い考えは浮かびませんでしたが、とにかくこの関係を変えたいと感じていた私は、一度原点に立ち返ってみようと思うようになりました。「他の子たちと同じように、何気ない日常の中での些細なやりとりを、広志とも楽しめたら…」、そんなシンプルな気持ちで、何でもいいから一日に一回、彼に声をかけるということを始めました。顔を合わせたら何はともあれ声をかけて話をしてみる、そして、「毎日広志と話をした」という実績をまずは積み重ねるというふうにしてみたのです。

あまり期待もせず、なんとなく始めた取り組みでしたが、逆にそれが肩の力が抜けた感じで良かったのでしょうか、思いもよらない収穫がいくつもありました。ときどきですが、会話が弾むような感じになり、そこで広志がニンマリ顔で語る内容について、私自身、「あれ？　それなりに的を射たことを言うんだな…」とか、「割とユーモアのあることを言うんだな…」とか思うようになったのです。そうしたやりとりを続けているうちに、私の中での広志のイメージに少しずつ変化が生じてきました。「思ったよりも物事を冷静に見ているんだな…」「まわりの子どもたちに対して、『弱みを見せられない』という気持ち以外にも、けっこう優しさだったりも持ち合わせているんだな…」など。これまでよく見えていなかった広志の姿に、私は少しずつ関心を引かれるようになっていきました。それにともない、「あっ、そうか。もしかして、前に言っていたあれって、こういうことを言っていたのか！」というつながりを、彼の発言の中に少しずつですが見出せるようになっていきました。さらに私が手応えを感じたのは、そうした新たな発見を、「もしかしたらこういうことを言っていたの？」とおそるおそる広志に伝え返してみたところ、「違う」と一蹴されてしまうことも多かったのですが、何回かに一回、「(気付くの) 遅ッ！」という感じで肯定してくれたことでした。私がその反応に喜んで「また話を聞かせてね！」と伝えると、広志はうなずき、少し誇らしげな表情をしているように見えました。

こうした手応えが少しずつ私の中で確かなものになってくるにつれて、広志が口にする話の内容にも、少しずつ変化の兆しが見られるようになってきました。いわゆる改まった話をしてくれるようになったのです。また、大人と一対一で向き合って話をする場は、広志にとって、自分のできなさが白日の下にさらされるかもしれない、非常に緊張の高まる、できることなら避けたいシチュエーションだったと思うのですが、それにも徐々に応じてくれるようになってきたのです。

もちろん、広志の言っていることが途中でよく分からなくなり、そこからお互いにイライラし始め、衝突し、クールダウンのためにいったん離れるということも多くありましたが、この頃の私には、「分からないままでは絶対に終わらせたくない！」という、ブレない強い気持ちがありました。

必死に広志の話を聞く中でよく分かってきたのは、彼が日々、「悔しさ」を強く感じているということでした。能力的な遅れがあり、物心がついたときから普通学級ではなく特別支援学級に入級していたことについて、広志は「理解してる。理解はしてるけど…」と前置きしたうえで、それでも他の子たちのような〝ふつう〟に憧れる強い気持ちがあること、そして自分で選べる自由がほしかったことを話しました。また、他の子たちには当たり前にある外出や外泊が自分には一切なく、誕生日やクリスマスにも家族から贈り物の届いた試しがないことについて不公平だと感じていることを語り、なんとそこから長い間口にしなくなっていた母親の話題について、また話してくれるようになったのでした。

時には「どうしてこんなことになったのか！」というやり場のない怒りを私に向けてくることもあります。でも、そこで用いられていたのは、以前のような相手を攻撃し、ひざまずかせるための武器としての言葉ではありません。ありのままの感情を素直に打ち明け、伝えてきてくれる、相手とつながるための、コミュニケーションとしての言葉でした。

変化はともに

時が経つのは早いもので、広志との生活も随分と長くなりました。これまでの関わりをふり返ると、「失敗したな…」と思うこともたくさんあります。でも、それもまた、お互いにとって必要な時間だったのかもしれないと今は思っています。気持ちの落ち込むことも、いまだによくありますが、再び話せる関係に戻れる安心感と、想像をはるかに超える広志の成長が私を支えてくれています。

ここに来て、私は再び、広志が「何も分からない子」ではないことを強く感じています。むしろ、幼い頃からずっと感じていた言葉にならない違和感、すなわち「分からなさ」を、ひとりで抱え、思いを巡らし、伝え続けてくれていた、そういう力を持っている子なのだと思うようになりました。

これからも、広志らしさと向き合う時間を大切にしながら、また、新しい彼らしさを発見し続けていきたい、そう思っています。大きくなった彼の姿は、子どもは成長し続ける存在であること、「この子には○○がない（もしくはある）からここまで」という育ちの線引きなんてできないんだということを、私にいつも実感させてくれるのです。

同僚はこう見ています

広志の「これまで」と「これから」

同じホームの後輩指導員

響子さんも書かれていますが、私の印象としても広志は目をかけてもらえる「黄金時代」があっという間に過ぎてしまった子どもであると感じます。もともと親にも十分な愛情を注いでもらえなかったにもかかわらず、最年少として可愛がられる期間も短く、また、彼の特性でもある「会話の嚙み合わなさ」がおとなとのやりとりの希薄化に拍車をかけていたようにも思います（広志の話は内容が不明瞭で、何を言わんとしているかこちらがつかめるまでに非常に長い時間を要します）。

また、彼とのやりとりに葛藤が生じるという点についても響子さんと同じ思いです。私が初めて広志と出会ったのは彼が小学校中学年の頃でしたが、「何とかしたい」という思いと、理不尽な態度をとる彼への「もう関わりたくない」という思いの両方を行き来していましたから。ホームが一番荒れていた時期に対応されていた響子さんは、それに輪をかけて大きな心の揺さぶりを広志から受けていたのだと思うとゾッとする部分があります。

出会った当時の彼は、体が小さく可愛らしい容姿をしていたのですが、なぜか他の子と比べて存在感が極めて薄いという印象でした。一般的に彼くらいの年齢の子たちであれば、おとなに対して「あれをしてほしい」「これをしてほしい」という声がけがたくさん飛び交うものですが、気がつけば部屋にこもって一人でゲームをして過ごし、そのまま寝てしまうということが多かったように記憶しています。おとなに対する期待よりもあきらめの気持ちのほうが強かったため、そういう行動に至ったのだと感じます。

しかしその反面、他の子を思いやる優しさは人一倍胸に秘めている子どもだとも思います。年下の子が体調不良で苦しんでいるときなど、真っ先に駆けつけて言葉がけをしてくれたり、職員が家事に追われているときはそれを手伝ってくれたりしている姿が何度も見られました。周りからもその点は認められるようになってきており、あんなに小さかった広志が今では頼れるお兄ちゃんに変わってきているのを私たちも感じています。

また、頼られるだけでなく、他人を頼るようになってきているのは、広志自身の一番良い変化だと感じています。今では就寝前に必ず「○○さん○○しよか」と彼のほうから遊びに誘ってくるようになりました。時折「無理やったら別にええけどな」と期待とあきらめがせめぎ合っているような表現を使ってくることもありますが、このような「期待のサイン」を見逃さず、小さい積み重ねを続けた先に、広志の小さい希望の光はより大きくなっていくのだろうと信じて関わり続けています。

カンファレンスではこんなことが検討されました

入所するまで広志がどんな家庭環境のもとで育っていたかについては、「深刻なネグレクト環境」「壮絶」と記されているように、基本的な安全・安心というレベルからして危うい状況だったようです。通常、生まれた子どもは可愛がられ、反応してもらい、その人とのやりとりを覚え、そこに言葉が動員されていくというふうに人間関係をとる力が身についていくわけです。しかし、そういう関係を継続的にとってくれる相手がいない中では環境に対して期待を込めて想像したりする心情も育たず、ただ断片的に目の前の出来事に対して反応する日常を反復していた可能性があります。そこに生まれ持った精神発達上の負因が重なっていたとしたら、その特徴はなおさら際だったものになるでしょう。

「広志の出し方」は、まさにこの「断片的に目の前の出来事に対して反応する」ことが引き続き起きている結果だと考えられないでしょうか。自分の形勢が不利になると逆転攻勢に移るために分かったふりをするし、相手に勝てる言葉を持ってきます。それが周りには「なんで今?」とか「嘘」ととられるわけですが、本人にとっては嘘をついている等の感じは弱いのではないでしょうか。

広志が世の中と対峙していくときの武器にしているのは「言葉」のような気がします。言葉の表面的な意味のつながりだけで筋道を作り、その言葉の背後に想定すべき事の成り行きや相手の感情などが考慮されているようにはあまり思えません。自分に生じた気持ちにしても、断片的に表して一定満たされればそれで終わりで、今までそうであったことにはおかまいなしで次に移っていくようなところがあります。

そんなふうに広志の心情を想像すると、ふつうは周りに世話され守られて自分を作っていくのに、彼は環境に対して一人で戦ってきたんだなあと思います。でも、中学生になった広志の変化（「誰かとのやりとりに楽しさを感じ、人の輪に入りたいという気持ちが強くなった」）が報告されています。この変化は「断片的に目の前の出来事に対して反応する」こととは少し質が違います。「共有感」と言っていいでしょうか、「一人で戦う」のではなく「一緒に過ごす」ことに少しシフトしてきたように見えるのです。「〝嵐〟の中で私がしていたこと」も含めて実を結んできているとしたら、うれしいことです。

また、抽象的な言い方ですが、彼の得意な断片的な「言葉」を否定せずにどうつないで、彼自身や自身にまつわる事柄の理解にもっていくかということも、考えておいてよいかもしれません。

事例D 可愛いと思えない…けれど

祐子ケアワーカー（美雪の担当になって6年目）

「可愛い」ってなに？

「美雪ちゃんって可愛いよね」「美雪って可愛いから大好き！」。美雪のことを知る周りの子どももおとなも、みんな彼女のことを「可愛い」と言います。けれど、私はちっとも可愛いと思えないのです。私がひねくれているせいでしょうか？

私の中の美雪の印象は「目立つ子の陰で、実はこっそり同じようなことをしているのに許されている子」。なんて卑怯な！　年上や自己主張の強い子たちには「長い者には巻かれろ」精神で、ぐるぐる巻きに巻かれまくって、自分の意見は一切言わず従順に付き従う…なんて滑稽な！

こうした彼女の世渡りのためのテクニックは、職員に対してもいかんなく発揮されます。「可愛い子」として、ときどき職員にベターッと甘えてみたり、おねだりしてみたり…。そうやって「問題のない子」として職員の視線の間を縫っていく美雪に、私はいつも「それでいいの？」と違和感を覚えていました。そして、「いつかどこかで本性を暴いてやろう」ともくろんでしまうのです。

問題がないことが問題⁉

美雪には妹たちがいます。家では下の子のお世話役を強いられる一方、母親との折り合いが悪く、一人だけ差別的な扱いを受けていました。そのような彼女の状況を見かねた近隣住民から通告があり、小学校に上がる前に鹿深の家へやってくることになりました。

入所して間もない頃から美雪はすでに周囲から「可愛い」という称賛を受けていました。でも私には、年上の子たちから「おとなしくて素直に言うことを聞くお人形」として都合よく扱われているように見えました。

そんな美雪は、年上の子たちからよく「ごっこ遊び」に誘われていました。いつもお嬢様やお姫様などの可愛い役をあてがわれることの多かった彼女でしたが、４つ年上の加奈子とのおままごとだけは例外でした。加奈子は小さい頃から壮絶なスパルタ教育を受けて育った子どもです。おままごとでは加奈子演じる母親に、「なぜ、こんなこともできないの！」と理不尽に激しく責め立てられ、最終的に泣かされるということがよくありました。

明らかに辛そうなのに、それでも加奈子とのごっこ遊びに応じ続ける美雪。私たち職員は、美雪にまだ断る力が十分に育っていないことも分かっていたので、二人の間に入り、加奈子に何度も注意をしました。美雪にも、「もし自分から遊びを断れないようなら職員を頼っておいで」と繰り返し伝えていましたが、彼女の方からSOSが発せられることはなく、むしろ自分のほうから再び加奈子に近づいていっているように見えました。そうした矛盾した姿に、「もしかして、かわいそうな自分を演出し、『悲劇のヒロイン』として、周りの大人や子どもの同情をさらに引こうとしているのでは…?」と疑わしく感じることもありました。

とはいえ美雪は頭の回転の非常に速い子どもです。次第に、加奈子との付き合い方を覚え、「遊びたくないときは一切返事をしない」という作戦をとるようになりました。さらに、職員や子どもたちから一目置かれている年長児に近づき、加奈子からの誘いがあったときには、その年長児と遊ぶ約束があるという理由を盾にして断るようになりました。

このようにして彼女はうまく施設の中で立ち回り、まるで「何も問題のない子」であるように装うのです。そんな彼女の姿を、やっぱり私は「ほんまか?」と疑ってしまうのでした。

「何が悪いの⁉」と言われて

美雪が鹿深の家にやってきてから数年後、彼女の家族の状況に大きな変化がありました。なんと、突然母親が家からいなくなってしまったのです。父親は当初、何とか一人で子どもたちを育てていけないかとがんばっていましたが、なかなかうまくいかず、そのうち仕事にも支障をきたすようになりました。生活が立ち行かなくなるにつれて、父親は心を病むようになり、最終的に下の妹たちも施設入所することになったのです。

この知らせを聞いて、以前から姉妹一緒に施設で暮らすことを望んでいた美雪は、「自分の望みが叶った！」と大喜びしました。やはり、家族の中で自分一人だけが施設入所しているという状況はとても辛かったのでしょう。

ところが、実際に妹たちが入所してきたときの美雪の反応は意外にもあっさりしたものでした。また、母親がいなくなってしまったことについても、本来であれば大きな出来事であるはずなのに、表立った反応はほとんど見られず、まるで「最初からいなかったもの」として彼女の中で処理されているようでした（実際に子どもたちの間で母親の話題になると、美雪は「私には母親はいない」と答えたりしていました）。その一方で担当の女性職員のことを「ママ」と呼び、「私のお母さんになってほしい」と甘えたりする姿も見られました。

妹たちと一緒に施設で暮らすようになって、彼女の職員への甘え方には変化が見られるようになりました。以前なら職員のお腹に手を回して、ベターッとくっついてなかなか離れないということがよくあったのですが、妹たちの前ではそうしたことを一切しなくなりました。また、美雪が想像していたほど、姉妹揃っての生活は楽しいことばかりではなかったようで、むしろ、姉としての責任ある態度や行動を求められる機会が増えたことに苛立ちを示すようになっていきました。そうしたイライラを彼女は、目立つタイプの子どもの陰に隠れて、こっそりと吐き出すのでした。

他の子を隠れ蓑《みの》に使うことについて、私が「そのやり方ってどうなの？」と指摘しても、うつむきがちに「ごめんなさい」と言うばかりで、彼女は決して自分の気持ちを話しませんでした。そんなとき、私は少し意地悪く、彼女に問いかけます。「なんで自分の意見や本音を言わないの？」と。すると美雪はイライラしながら「それの何が悪いの!?」と答えました。それは美雪が生きていくうえで不可欠な心を守るための言葉であり、自分の意見や本音を口にすることの怖さ、ひいては「自分をありのままに受け入れてくれる人などいないのだ！」というメッセージでもあるように私には聞こえました。

あなたらしく、私らしく

姉妹の中で一人だけ母親から愛されず、先に施設入所となった美雪の心の中には、「良い子でいなければ愛されない（愛してもらえない）」「本音を言ったところで可愛がってもらえない」「汚い自分を見せたら嫌われてしまう」、そんな恐怖が心の中に渦巻いていたに違いありません。しかし、私は可愛く、綺麗で、スマートなやり方ばかりではなく、ところどころ見え隠れするこの汚さを、彼女にさらけ出してほしいのです。そして、そんなに自分を偽らなくてもいいのだと、汚い美雪でも大丈夫だと、そう伝えたいのです。

施設内で行ったケースカンファレンスの中で、美雪の生育歴をおさらいした際、こんな意見が出ました。「美雪には、虐待の影響が色濃く残っている。母親による差別的で理不尽な関わりにさらされ続けていたせいで、『この人はこんな人で、こうしたらこう反応を返してくれる』といった不変的な見通しのもとに成り立ちうる、安心できる生活というものを十分に体験できていない。そのため、常に自分の方から周りの状況を読んで、先手先手で自分を守るための行動を取り続けなくてはいけなくなっている。子どもとしては結構『癖』のある子で、『もっと素直に甘えられるようにしてあげたいな…』と思うが、生育歴などを見ていると、決して一筋縄ではいかないだろう。そもそも、『あなたが良い子でいる限り、あなたのお世話をしてあげます』というような、いわゆる条件付きの承認に長い間さらされ続けてきたため、理屈をつけないと甘えられない子になっている」。このコメントを聞いた私は、「美雪が美雪として、彼女らしく生きられるようになってほしい」という気持ちをより一層強く感じるのと同時に、共に暮らすおとなとして、ある程度一貫した養育態度を示し続けることの大切さを再認識し、自分自身の関わりのスタイルを改めてふり返るようになりました。

昨今、子育てをめぐっては、「叱らず、ほめて育てよう」という風潮があるように思います。しかしながら、私は子どもたちを叱り、「ダメなことはダメ！」とハッキリ言うタイプの職員です。このやり方は古臭いと言われることもありますが、「ダメなものはダメ」と毅然とした態度で真正面から言葉を伝えないと、おとなの真心に触れられない子どももいるように私は思うのです。そんな私は、美雪から「怖い人」認定をいただいています。でも、自分が大事だと思うことをきちんと大切にしながら私らしく関わり続けること、それが美雪にとっても「この人はこういう人」という変わらない認識を育む一助になるのではないか。そして、なかなか素直さが出せないのであれば、そんな可愛くない美雪もまた美雪であることを伝え続けるところから始めたらよいのではないか。今はそんなふうに考えて毎日ぼちぼちやっています。

今日も今日とて

美雪は思春期に入り、最近は生意気な態度もとりはじめ、周囲の子どもたちからも、彼女の陰の部分について突っ込まれることが増えてきました。そんなときの美雪はツンと虚勢を張った表情をするものの、まだ、言い返すことはできません。けれど、私は良い傾向だと思っています。

私に対しても、「怖くて近寄りがたい、自分に対してなぜか厳しい職員」だと認識する一方で、共通の話題で盛り上がろうと話をふってくることもあります。私の中の、実はいい加減な部分を知って、親しみも感じてきているようです。こういう関わりを毎日の生活の中でひたすら繰り返してきた結果でしょうか、とあるスポーツ大会に出場した彼女は、試合中、応援に行った私の姿を見つけて、何度か確認するかのようにチラッチラッとふり返り、ホッとした表情を見せたのです。そのとき、なぜか美雪に対して、私の中で安心感が芽生えたのでした。

今日も今日とて、彼女は周りから称賛を受けて、相変わらずの日常を過ごしています。そんな彼女のことを私はやはり可愛いと思えない…。けれど、自分のことを守ろうと一生懸命に生きている姿はとても人間臭く、そんな彼女を愛しく思う私がいるのも、また本当のことなのです。

同僚はこう見ています

可愛がられる私

同じホームの後輩保育士

私が美雪と出会ったのは、彼女が小学2年生になった頃です。美雪はよく私の所へ寄ってきては「鉄棒をしよう」「縄跳びができるようになったから見てほしい」「鬼ごっこをしよう」と言って外に連れ出し、集団から離れて一対一で遊ぼうとしました。美雪は私のことを「可愛がってくれるから好きな人」というポジションに置いており、「ママになってよ」と言ったり、「大好き！　離れないで、離れたら死ぬから」としがみついたりしてきました。彼女の気持ちが大きすぎて「しんどい」と思ってしまうこともありましたが、とても懐いてくれていたこともあり、なんて可愛らしい子なんだろうと感じていました。職員に対しては基本的にお利口で可愛らしい美雪で生活をしていた反面、子ども同士がトラブルを起こすたびに陰でコソコソと悪いことをしている姿も見られました。その点を突っ込まれても、職員に悪い部分は見せまいと「えー、なんのことー？」と甘えた声を出してとぼけてみたり、黙ってその場が過ぎるのを待つのが美雪の世渡りの方法でした。おとなとしてはそんな一面が見えたら「もー！　憎たらしい!!」と思うのですが、美雪の場合はそれでも可愛らしい子と思えました。それくらい日頃から一生懸命〝可愛がられる私〟を演じていたのだと思います。
美雪はこのような態度をとる〝可愛がられる私〟が祐子さんには通用しないと知っていました。「祐子さんこわい～」「祐子さんは厳しいねんで」と時々私に話してきていました（毎回コソコソ悪いことをして怒られた後に話してきます…）。でも、自分のしている理不尽さに本気で叱ってくれている祐子さんの気持ちも分かっていたのだと思います。美雪が人間関係で悩んでいるときに「どんなことがあっても味方でいる」という話を彼女にしたことがあります。美雪がその言葉を聞いて目に涙をためながら口にしたのが、「祐子さんも味方でいてくれる？　○○ちゃん（当時人間関係でもめていた相手）に怒ってくれる？」というものでした。「もちろん祐子さんも美雪のことを大切に思っているから味方でいてくれるし、あなたが辛い思いをしていることを相手に伝えてほしいと望むのならば、その通りに話にいってくれるよ」と返すと、とても安心した表情を浮かべて「よかったー」と言いました。言葉にはしませんでしたが、美雪にとって祐子さんは単純に怖い存在ではなく、いざというときに頼りになる、信頼している存在なのだということがよく伝わってきました。〝こわい祐子さん〟は美雪にとって安心材料でもあることがよく分かるエピソードだと思います。

カンファレンスではこんなことが検討されました

美雪は小さい頃から虐待を受ける中で、自分の安全・安心を作り出すためにどう行動するかを学ばざるを得なかったのでしょう。また、その中には、姉として妹たちにどうふるまわなければならないかも入っていたのだと思います。そして、妹たちは家で過ごしているのに自分だけ施設で生活していることについても、それまでの経過から自分を納得させようとしていたのでしょうし、同時に施設の中でもどうふるまうのが得かを考え続けてきたのではないでしょうか。

つまり、「したい・したくない」「好き・嫌い」よりも、「〜するべき」という価値観で美雪は動き、周囲から受け入れられるために「〜できる」自分を演出することにエネルギーを注いできたのだろうと思われるのです。このような心性は、家庭に親的機能が十分でないときに子どもがそれを補おうとする「ペアレンタル・チャイルド（親的子ども）」と重なりますが、おとなから無条件に大切にされることのこれまでの欠如を考えると、美雪もそうだったのだと思います。その美雪がいま施設の中で担当者という親の下に子どもというポジションを与えられ、どう子どもになっていけるかという課題を抱えてそこにいるのだととらえられるのではないでしょうか。

担当者が美雪に対して「可愛いと思えない」、でも「人間臭く」て「愛しく思っている」ことに、美雪が子どもになれるためのより明確な輪郭を持った親機能が見えた気がします。

〈川畑→綱島〉

「今日の美雪さんの話、『部屋を変えて妹たちから離しては』と発言しましたが、帰りの車の中で、いろんな要因があるからそうは簡単にはいかないか…と改めて思いました。一緒にいることで姉としての役割をとれている点の美雪さんにとってのメリットというか、拠り所みたいなものを取り去ってはいけないのかなとか、妹たちもいる中で修正されていくとか身につけるものとかもあるかな…とか、でも役割意識が過剰なのが自分としてしんどすぎたら、ちょっと外してみてあげてもいいのかなとか、よく分かりませんけど、そんなことも思ってみたということです。それから、祐子さんが美雪さんから恐がられてそのことを美雪さんが他の子にも言っているということについて、良い感じがすると言いながらうまく表現できなかったのですが、美雪さんが何か『余裕をもって〝恐い〟と言ってる』というか、恐いということを余裕をもって取り扱っている気がしたのです。訳の分からない突然の（虐待による）恐さならそれと距離をとれないけど、自分も了解できる筋の中での担当の職員さんの恐い教えみたいなものとしてとらえることのできるもの…職員さんを恐怖の対象としてでなく、人格としてちゃんと尊重してるからこそ、その存在を他の子たちにも伝えているというか…やっぱりうまく表現できないけど、そんな気がしました」

〈綱島→川畑〉

「実際にすごく似た境遇の子どもから、きょうだいと離れて『長子』としての役割から外れ、一人の子どもとしていられた時間が良かったという話を聴いたこともありましたので、私としては非常に腑《ふ》に落ちる話でしたが、そうですね、おっしゃる通り、色々な可能性をもっと考えてみてもいいのでしょうね。私が話を聞いた子は、ちょうど自分を見つめ直す時期である、中3の1年間きょうだいとホームが離れたのですが、小学生だと確かにまた違う経験になるかもしれません。またじっくり話し合ってみたい、そんな興味深い議題だと感じました。『余裕をもって〝恐い〟と言ってる』というのは、なるほど、とても分かりやすい表現のように思いました。私は『(何をするか分からない)恐ろしい人』ではなく、『(どんなふうに言うか想像できる)厳しい人(≒親父)』というふうに勝手にとっていました。『畏怖』という言葉がありますが、それのニュアンスに含まれているような、〝いつも担当者が怒るときは、自分たちのほうに怒られる理由がある〟というような、ある種の敬意に似た、そうしたものがこの子の発言からは読み取れるかもしれないと感じていました」

〈川畑→綱島〉

「祐子さんの件、『大きな力に包まれている』というような、そんな安心感とも表現できるように思います。自分からはコントロール不可能な力、でもそれに守られているような…。子どもにとって親から守られている感じというのは、そんなものも含むのではないかと思ったりします」

〈綱島→川畑〉

『身を委ねられる』対象というと、一般的に母性的なものを想像しがちですが、父性的な要素というのも、そこにバランスよく必要ですものね。一般的に児童養護施設の領域では、性加害－被害の問題もあり、『〝支配－被支配関係〟＝良くない、排除すべきもの』というふうに捉えがちですが、よくよく考えてみれば、親子関係には『支配－被支配』のエッセンスがありますし、そこから秩序のようなものを取り入れていくのですものね。『健康的な父性』とか、そういうものを連想しました」

編集委員ディスカッション❷
～私の感覚を私が信じる～

本当のところを書き表している

❖響子さんも祐子さんも養育者としてかなり本音のところを綴《つづ》っていますね。二人とも自分自身の感覚を大切にしていると言えると思うんですが、逆に自分の気持ちを大事にできなくなるって、どんなときなんでしょうか。一つには、たとえば「虐待を受けて家族と離れて暮らさなければならなくなった子ども＝傷つき不憫《ふびん》な存在」という固定観念に取りつかれ、「こんなふうに関わらなければならない」「これ以上傷つけてはいけない」という「べき論」にとらわれ過ぎたときだと思います。そんな場合には得てして子どもを現実よりも弱い存在とみなし、過剰に気を遣って腫れ物に触るような姿勢で関わりがちです。そんなときには、職員は自分自身の内面をきちんとモニターできていません。

❖広志くんのケースについて、響子さんはまだアルバイトの段階で、周りが「とんでもなく大変なケースだ」と評する子どもを迎えることになります。多分、その評判に圧倒されるような形で、ある種の思考停止状態に陥ったと思うんですよ。実際に当時のことをふり返って「自分が下手に触ってしまうことで大変な事態を巻き起こしてしまうのではないかと怖かった」と話していたこともありましたし。また、職員の中には広志の状況を、「年齢相応の自我が育っておらず、トラウマによるフラッシュバックや解離にひたすら翻弄されているような状態」という言葉で説明する人もいました。彼女はその見方に対して「本当にそうなのかな？　なんだかそれらしい言葉を使って分かったような気になっていないかな？」と疑問を抱くわけです。そして、「いくら知的障害や深刻な虐待の影響による重いトラウマを抱えていたとしても、私たちから見えにくいだけで、この子なりの筋というのはきちんと存在するんじゃないかな。ただただふり回され続けているだけの、無力な子どもというわけじゃないんじゃないかな」という実感を、やりとりを重ねる中で少しずつ確かなものにしていくわけですよね。そしてついには、その筋を本人と共有できるまでになって、そのときに広志もグッと伸びたんじゃないでしょうか。

❖祐子さんは、この文章を書き終えたときに「ここまでありのままに書いていいのかな？」と言ってましたが、子育てにはこんなふうに肯定的な気持ちだけじゃないものも混ざりこんできて当然ですよね。この文章を読んで感じるのは圧倒的な安心感で、小手先とか取ってつけた感がなくてすごく自然です。それを支えているのは、「いろいろ言ったって、この子はちゃんと育っていくし何とかなる、大丈夫」というような、基本的な部分での子どもに対する信頼感じゃないでしょうか。子どもの可能性が少しずつ開いていくのに、下手にあれこれ手出ししていません。

育み—育まれる

❖「殻」というのか「城壁」というのか、目の前にとても厚いバリケートがあって、それが少しずつ崩れていって、できた隙間からチラッと養育者自身の本性と本質ってここにあるんだなって発見するような…そういう感想をこの二つの事例に対して持ちました。子どもについて語った文章だけど、実質的には職員の成長を物語っている内容になっています。

❖これらのケースだけじゃありませんが、子どもの成長と職員のそれは並行して進むもののように思うんですね。どっちか一方だけが育ってるっていうケースを私はこれまであまり見聞きしたことがないように思います。そういうことが子育てにおいては起こるので、私たちの施設長は「共に育つ」と言い表して施設の養育理念に据えているんだと思います。

❖そうなんです。だから、この響子さんと祐子さんの事例に共通して見て取れるテーマとして、「子どもの力を信じる」というのを最初に思いついたのですが、そう言ってしまうと主語が「職員が」になるし、そういう「育み—育まれる」というような相互性を表現できていないようで、ちょっともったいない感じがします。

ちゃんと一人の人として

❖祐子さんは美雪に対して、「子どもだし、とても大変な生育歴を持っているかもしれないけれど、それ以前にちゃんと一人の人として相対している」感じがします。「ネガティブな気持ちを抱いちゃいけない」とかの「べき論」にも縛られていなくて、「抱く気持ち全部が私のこの子に対する素直な気持ちだよ」というふうにです。親友であればあるほど、「あなた、それっておかしいよ」とストレートに言えるような感じに近いでしょうか。子どもに対して、「コイツは嫌なヤツで最低な人間です」と書いているようにはまったく思えなくて、逆に温かいです。

❖温かいのは「愛」なんだろうけど、「可愛いと思えない、けれど…」というタイトルが面白いんです。「…」の先が気になるところで、「まぁ、ふつうだけど」みたいなのでしょうか。「可愛い」なんてベタな言葉では言い表せないし、「可愛いがらなければと思うのも変だし」みたいなことも思ってそうです。「この子はこの子よ」「まあ大丈夫、なんとかなるでしょ」みたいに大きく構えてるんでしょうね。

❖そうですね。「美雪をこんなふうに変えよう」というようなニュアンスをあまり感じませんね。「なんか大変だな」とか、「なんかちょっと滑稽だな」とかの印象は持ってるんだと思いますが、型にはめようとか変えようとかせず、美雪の存在をまるまるそのまま抱えている感じです。

いろんな側面

❖私も「そんなふうに自由に思ってもいいんだ」とか、それを前提に子どもと関わったり話したりしてもいいんだと思えるようになるのには、結構時間がかかりました。たとえば目の前の子どもと自分との相性を自分で分かっているほうが関わりがうまくいくような感触も得られて、とてもラクになりました。祐子さんも、自分の中のそういう「合う・合わない」タイプみたいなものをきちんと踏まえたうえで関わっているから、無理がないというかリラックスした感じが生まれているのではないかなと思います。それから、自分一人で何とかしようとしていないというのもあるかもしれません。「自分との関係ではここらへんを育てられたらいい」というように、自分の役割を限定的にして抱え込み過ぎない姿勢が、こういうドッシリとした余裕のある存在感につながっているのではないかなと思いました。響子さんの事例では、祐子さんとは逆に先入観がすごく注入された中で関わりが始まったのですが、「このくらいの距離感だったらやっていける」という、ちょうどいい距離感がお互いにつかめたところでうまく回り出したような印象を持ちました。

❖響子さんと広志の関係をうまく進めた第一の要因は、私も「子どもの力を信じたこと」ではないと思うんですよ。いや、結果的には信じてるんですけどね。響子さんが何か問題が起きたときだけということでなく、広志が入所したての小さい頃から最近までずーっとぶつかり続けてきて、その結果、広志の特徴をつかんだのだと思います。長期間にわたって関わり続けた事実、もしくはそのスタンスこそが良い変化を生み出した要因でしょう。そういうことじゃないと、なかなか信じるところまではたどり着けないんじゃないでしょうか。もし途中で担当が変わっていたりしたら、こんなふうには展開しなかった可能性があります。

❖祐子さんは過剰でもないし過少でもないし、本当に上手にバランスのとれた関わりをしています。「子どもの力を信じる」というよりは、「冷静に見ているなあ」という印象をもちました。もちろん場面場面で感情的になることはあっても、大局的にはフラットに冷静に子どもと関わっています。多分、美雪以外の子について書いてもこんな文章になるのではないでしょうか。「相性の合う合わない」についても、そんなことはあまりないかもしれません。どの子にも同じようなスタンス、言うなれば、「子ども全部を信じている」という感じでしょうか。

❖「子ども全部を信じる」というのはすごい言葉ですね。誰と出会うかによって子どもって随分変わっていくのだと思いますが、こういう人と出会えたらきっと子どもは幸せでしょうね。

よく生きてこられたなあ

❖広志も美雪も「ひどい環境で育ってきた子どもたち」であることは間違いありません。それを過小評価して「…とはいえ、子どもってこういうものだ」と思ってしまうと見立ても違ってくるし危険です。私は彼ら・彼女らが「よく生きてこられたなぁ」と思います。もし私が幼少期に彼ら・彼女らと同じ環境に置かれていたら、もっと育ち損ねているに違いありません。そう考えると、そういう過酷な時代を生き抜いてきた子どもの「力」ってすごいんだろうなあと思います。生きるために彼ら・彼女らなりに工夫してきたことが、施設に来ると「課題行動」とレッテルを貼られたり、「なんかこの子は可愛くないな」と思わせてしまったりもします。でも、そういう彼ら・彼女らのせっぱつまった状況で身につけたそのやり方・生き方を、どうより適応的なものに変えていってあげるかが、多分、ここ児童養護施設の仕事なんだろうと思います。子どもにはエネルギーがあるしポテンシャルも十分あるから、あとはやり方だけをどう変換していってあげられるかが私たちの重要なミッションだろうと思います。それに、ひどい虐待を受けたり厳しい環境で頑張ってきた子であればあるほど、すごくいろんな力を持っているんじゃないかとも、最近は感じています。だから、その持っている力をどう社会でうまく発揮できるようにしていけるかです。広志も、多分、もともと力がない人ではなくて、そういう過酷な環境下を生き抜く中で身につけてきた力を響子さんとの関係を通じて、少しずつより適切な方法に変換して発揮できるようになってきたんじゃないでしょうか。

❖響子さんは、周りの「広志の内面はバラバラだから、それに伴う言動一つひとつにふり回されないように」という見解に対して最初はなかなか反論できなかったけれど、「絶対に広志なりの筋がある」とずっと思っていたし、自分が一定の経験を積むうちに自分の考えを行動に移すことができてきたという話はしましたよね。「子どもを信じる」とは「自分の感じていることを信じる」ことと強くつながっていると思います。「その子のことを『大丈夫』とか『きっと力がある』と思っている自分の感覚を信じる」と言っていいでしょうか。子どもたちが「どうせダメだ」「どうせ無理だ」というような否定的なメッセージを自分に向けてぶつけている中で、私たちはそういう子どもたちにどういうまなざしを向けるか、毎日すごく試されています。子どもはおとなからのまなざしを自己評価として自分の中に取り入れるのだとしたら、課題は子どもたちではなく養育者の中にいつもあるのだと思います。

3 違うでもなく、同じでもない存在として

事例E 裕二王国の法律改正に向けて

亮子ケアワーカー
（裕二を担当して1年目）

出会い

私が大学を卒業して鹿深の家に入職したとき、裕二は小学校低学年でした。彼に対する私の第一印象は「なよなよした男の子」。整った顔立ちをしているのですが線が細く、どこか弱々しい感じを受ける子どもでした。

当時、別のホームの担当だった私とは日常的に関わる機会があまりなく、行事のときなどに少し言葉を交わす程度でしたが、話をすると裕二の印象は少し変わりました。ベテランの男性職員には顔色をうかがいながら甘えていくのに、女性職員や若手の職員には見下すような口調で話をしてくるのです。新人職員や実習生に対して先輩風をビュービューと吹かせながら鹿深の家のルールをあれこれ教えているときの彼からは、弱々しい印象はまったく感じられません。

幼い頃の裕二とのエピソードで忘れられないのは、彼が小学校高学年ぐらいで初めて一人部屋を与えられたときの話です。私が歩いていると、裕二が2階の自室の窓から顔を出して「見せたいものがあるから部屋に来て」と声をかけてくれました。言われた通り部屋に行くと、彼は明かりもつけずに真っ暗な中で窓枠に腰かけていました。私の姿を確認した彼は再び窓の外に視線をやり、澄ました顔で「ここから見る月、綺麗やと思わへん？」と聞いてきたのです。あまりに普段とギャップのある姿に思わず大笑いしそうになるのを必死でこらえつつ、私が「…綺麗だね。2階の部屋に移って、お兄さんたちの仲間入りができたみたいでいいね」と伝えると、彼は満面の笑みを返してくれました。職員室に戻ってからこの出来事を他の職員さんに話をすると、なんとその日に勤務していた女性職員ほぼ全員に彼が同じことをしていたことが判明、「なんて面白い子だろう！」と思ったことをよく覚えています。

頻発するトラブル

普段の関わりが少ない私だからこそ、裕二に対するイメージはそんなに悪くありませんでしたが、実際に生活を共にする他の子どもや職員さんの彼に対する捉え方は、「トラブルメーカー」というものでした。当時の担当職員さんからは、「『裕二王国』と呼べるようなものがあって、その国の法律の下で裕二はずっと生活をしている」とうかがっていました。たとえばリビングはみんなの共有スペースであり、散らかしたら片づけをするものだと思います。しかし裕二に「片づけをしよう」と声をかけても動き出すことができず、「リビングはみんなのものなので、自分のものが散らかっていても問題ない」と主張するのです。他にも、歯磨きや手洗い、うがいをするよう促しても、彼は（やりたくないことを強制的にさせる）職員からの嫌がらせと受け止めてしまい、かたくなに拒んだりしていました。

また、あたりまえですが、トラブルは職員との関係に限定されたものではありません。他の子たちとの関わりにおいても「裕二王国」の法律にもとづいて行動するため、トラブルが絶えませんでした。

難しいのは、裕二自身は至って真面目に、心の底から、「自分の考え方はみんなに当てはまる」

と思っていることです。担当ホームの職員さんは彼に伝わりやすいであろう分かりやすい言葉を選びながら、根気強く彼に関わっていました。しかしながら法律改正は簡単ではなく、周囲とのトラブルは継続していました。

ただ、「裕二王国」の法律には、「弱い者いじめをしない」や「学校は毎日行くもの」などの良い条文もいくつかありました。そうしたこともあって、トラブルメーカーであり決して万人受けする性格ではないものの、彼のことを「可愛い」と感じる職員さんにもめぐり合うことができていました。

こうした価値観のズレからくるトラブルは、しばしば施設の外でも見られました。強烈に印象に残っているのは、行事でとあるファーストフードのお店に一緒に行ったときのことです。土日のお昼時ということもあって店内は非常に混みあっており、私たちの注文した商品もなかなか出てきませんでした。そうした状況を受けて、当時小学校低学年だった裕二は、まったく悪びれる様子もなくこう言い放ちました。「こんなときは怒鳴ったったらええねん。謝りながら自分らの分を早く作ってくれるし、サービスでポテトもタダでもらえるで」。絶句する私の横で、彼はあたかも「お得な情報を職員に教えてあげられた」というような得意げな表情を浮かべていました。彼の中の法律改正を早くしなければならないと感じたエピソードの一つです。

「裕二王国」建国までの歴史

ファーストフード店での出来事は、私に「『裕二王国』の成り立ちには保護者の価値観が大きく関係している」ということを実感させるものでした。

裕二の両親は若くして彼を産み、その後すぐに離婚しました。その後は養育者や生活環境の変更が繰り返され、その行く先々でさまざまな虐待を受けたと聞いています。最終的に小学校へ上がる前、児童養護施設に入所する運びとなりました。「裕二王国」の法律は、幼少期の生活場所を転々とする不安定な生活と裕二に関わるおとなが一緒に形づくったものだと推測されます。

衝突!!

裕二が高校に上がるとき、私が配属されているホームに移ってきました。前任の担当職員さんから、「『裕二王国』は今もなお国民一人で続行中。裕二の特徴に加えて、男尊女卑の考え方も強いし、正論を掲げがちなあなたとはぶつかることも多いかもしれない。でも、根は純粋で良いヤツだからよろしくね」と言われたことをよく覚えています。

前任の担当職員さんが言っていたことはズバリ大当たりでした。裕二と周りの子たちとの間では、物を元の場所に戻さないところや自分のことを棚に上げて他人にたくさん注意をするところなどをめぐって、たくさんのトラブルが発生しました。そのことを受けて私もトラブルに介入しようとするのですが、なかなかこちらの意図が伝わらず、裕二からは「職員は俺らの世話役ちゃうんけ！」「掃除するのはお前らの仕事やろ！」「お前の言ってることは意味分からんのじゃ！」などのネガティブな言葉が返ってきがちでした。そうした反応にさらされるたび、今でも思い出すと気持ちが悪くなるくらいものすごく感情が揺さぶられ、落ち込んだりイライラしたりしました。

「裕二王国」の法律は私にはどうにも理解しがたいものばかりです。私が彼と冷静に話をできたのは本当に初期の頃だけでした。裕二と私は口を開けばいつもケンカといった感じになり、少しずつお互いのことを避けるようになっていきました。顔を見るのも嫌だという日もお互いにあったと思います。

担当職員のうち女性は私だけで、あとは全員男性でした。男性の職員との関係においては、私との間で見られるような露骨な態度は示さないものの、話が入りにくいのは同じことで、どのようにすれば、「裕二王国」の法律を改正し得るのだろうと私たちは頭を悩ませていました。またそれと同時に、鹿深の家で見せているのと同じような姿をそのまま高校でも示すことがあれば、きっとクラスメイトは裕二に近づきたくないと思うのではないかと心配もしていました。

「裕二王国」の法律改正を目指して

トラブルを起こしても悪いのはあくまでも周りで、自らの非を認めるというのはなかなか難しかった裕二ですが、彼の慕っている一つ年上の男の子から「そんなんじゃ彼女もできひんわ」と言われて落ち込むことがありました。このころから、友人との間で何かしらトラブルがあったときに「俺は悪くないんやけど…」と前置きしたうえで、「裕二王国」目線で捉えた出来事の顚末を愚痴のように職員に話すということが増えてきました。そんな話をするとき、彼は決まって最後に「(職員も)そう思うやろ?」と、不安そうな表情で職員に同意を求めてきました。それはまるで「俺の言ってることって本当に合ってるのかな?」と、答え合わせしてきているように見えました。このような彼の態度に触れたとき、私は「裕二王国」の法律改正の糸口が見えた気がしました。裕二から語られる日常生活のエピソードを一つひとつ整理していく中で、「自分は良い人でいたい」「嫌われたくない」「正しい人でいたい」という気持ちがあることを強く感じるようになりました。そうした姿は、周りから「あなたは正しい」と認めてもらうことで、「ここにいてもよい」という理由、ひいてはそこに伴う安心感を手に入れて、責められる不安に対処しようとしているようでした。

かといって、裕二の主張は必ずしも「間違っていない」と認められるようなものばかりではありませんでした。どちらかというと、裕二とトラブルになった友人の気持ちのほうに共感できることが多かったように思います。でも「間違っている」とストレートに伝え返すとぶつかってしまいます。そして彼も私もお互いにストレスフルになってしまい、さらに関係が悪くなってまうことも予想できました。『裕二王国』の法律は一般的には通用しないものなのかもしれない…」と思い始めている裕二に、どうしたらトラブルにならず、私たちの（より社会においては多数派であるだろう）感覚を伝えていくことができるのだろう…。色々と試行錯誤を繰り返す中で私たちが最終的にたどりついたのは、裕二の考え方自体に関する良い／悪いの評価は一旦保留し、「私ならこう思うけどな」と、彼とトラブルになった相手の気持ちを想像して伝え返すという方法でした。さらに、話をしていて裕二から暴言が出たときには、「私は今、裕二と話をして嫌な気持ちになっているよ」と、自分自身の感情をオープンに伝えるようにしました。そのたびに裕二は苦虫を噛み潰したような表情を浮かべていましたが、その不器用な表情や思い悩む姿がどんどんかわいく見えてくるのが不思議でした。

「裕二王国」の法律改正続行中‼

現在も相変わらず「裕二王国」は健在です。しかし、少なくとも鹿深の家の中でトラブルは減ってきています。私との関係にも少し変化が出てきています。喧嘩ももちろんありますが、一緒にたわいない話が楽しめるようになりました。おそらく裕二は鹿深の家を退所しても、大なり小なり周囲とトラブルは起こし続けると思います。しかし今の彼は昔と違って、自分の意見と違う考え方にも耳を傾け、またそれらを踏まえつつ自分のあり方を見直すという作業が少しずつできるようになってきています。これからの裕二の未来が少しでも明るいものになるように、自分の力で努力し変わり続けている彼を引き続き応援していきたいと思っています。

裕二王国の法律改正は長い時間をかけて、慎重に進められている模様です。

二つの家

同じホームの後輩指導員

裕二だけでなく、施設の子どもたちにはみんな「二つの家」があります。一つは施設にやって来る前に家族と暮らしていた家、もう一つが鹿深の家です。このように「二つの家」があることは、子どもたちに時々強い葛藤をもたらします。そのことを最初に私に教えてくれたのが裕二でした。

亮子さんも書いておられる通り、裕二の「あたりまえ」は私たちの「あたりまえ」とちょっとずれているところがありました。彼の考えや行動に違和感を覚えることがあれば、そのつど「俺はこう思うけどな、ちょっと違うな」とストレートに返すようにしていました。こうした関わりを続けていると、少しずつ違和感を覚えるような事態は減ってくるのですが、外泊をしたとたん、まるでこれまでの積み上げがすべてリセットされてしまうように、もとの裕二に戻ってしまうのでした。

「まるで賽《さい》の河原の石積みのようだ」と私たちが無力感を感じていたある日、前の担当者から、中学校への進学を間近に控えていた時期の裕二の印象的な話を聞かされました。それは

「こっち（鹿深の家）の生活に完全に慣れてしまったら、むこう（自宅）の生活にもう戻れなくなってしまう…」と彼が言ったというものでした。このエピソードを聞いたとき、私は頭をガツンと殴られたような気がしました。

先述の発言があった頃、裕二は父親から「小学校卒業のタイミングでお前が家に帰ってきたいというのなら別に帰ってきてもいい」「でも、家から通うことになる中学校はすごく荒れているし、お前みたいなヤツはほぼ間違いなくいじめられる。その覚悟があるというのなら帰ってこい」と言われていました。彼はものすごく悩んでおり、夜な夜な当時の担当職員にも相談をしてきていたそうです。この発言はそうした話をする中で出てきたものだということでした。

思い返してみれば、「お前に覚悟があるのならいつでも帰ってきたらいい」という父親の態度は昔からでした。私たちからすれば、父親が本当にそう思っているわけではないのは明らかでしたし、たとえ裕二が「帰りたい」と言ったとしても、何かしらの難題を新たに持ち上げて拒否するであろうことは容易に想像できました。でも、そう思っていたのは私たちだけで、肝心の裕二本人はきっとそうした父親の言葉にも一縷《いちる》の望みを残していたのでしょう。

裕二に顕著な変化が見られだしたのは、高校入学後のことだと思います。亮子さんも触れておられた一つ年上の兄貴分の影響ももちろんあると思いますが、鹿深の家から高校に通うこと、すなわち「最後（18歳）まで鹿深の家で育つ」という選択・覚悟を彼が決めたタイミングとも時を同じくしているのはとても興味深い点だと感じました。もしかしたら、「裕二王国」が堅持されてきた背景には、自分が影響を受けて変わってしまう恐れ、ひいてはそのことによって家に帰れなくなって天涯孤独になる怖さというのも関係していたのではないでしょうか。

カンファレンスではこんなことが検討されました

生育歴を見ると、裕二の環境はずっと動いていたのだなと思います。通常、子どもが生まれてから育つ環境は同じ人たちや同じ場所、つまり恒常性がある程度保たれているものです。そしてそんな環境が安定的な「地（安心できる心理的な基地）」になって、さまざまな「図（関心をもった対象や提示されるものや状況）」に対して積極的に関わり知恵を伸ばしていきます。ところが、裕二の場合は次々に変化する環境にそのつど対応していかざるを得ず、行き当たりばったりのその時々に都合のよい理屈は身につけても、馴染みのある周りの人たちの意向にも配慮しながらある程度一貫した自分を捉えて表現する力は、豊かには育ってこなかったのではないかと思います。またそこに相手の心情や目の前の状況の意味を読み取る力の生来の弱さがあったとしたら、表面的な部分的理屈のみでの筋書きを作って適応しようとする側面がより強化されたのではないでしょうか。いや、そういう特徴の後押しもあってバランスは悪くても裕二なりの〝王国〟を作れたからこそ、どうにかここまでの人間関係と生活を維持してこれたと言えるかもしれません。

そういう裕二の課題は、「裕二王国」以外でも生きることのできる力の育成です。それに向けて重要な一つは裕二の「よりよい自分でいたい」という意思ですし、もう一つの大切なことも始まりかけています。周りの人による評価に動揺したり、その動揺したことに関して職員さんたちに問うている点です。これは「他者」に尋ねる姿勢ですが、裕二のこれからにとってとても大切なものでしょう。そしてその姿勢の芽生えが担当者には「どんどんかわいく見えて」きています。これは好循環という幸運です。

独自の王国を作る子どもは、その王国の法律の修正・改正を求められがちです。その求められ方が自分が否定されるような色合いをもったものでないとしても、大多数の中にある基準に合わせなければならないようなことばかりだと窮屈です。「空気が読めない」症候群だと決めつけられるけど、「空気を読み過ぎ」症候群のほうを気にしたら…という指摘もあります。私たちもその王国に入って暮らしてみたいと思えるような部分、光を当て直してみたらその条文も悪くなかったり、「面白いな」と思える部分はないでしょうか。

「ここから見る月、綺麗やと思わへん?」と誘われて笑いをこらえながら裕二に付き合った心は、すでに「裕二王国」の国民になっていたようです。王国の要素は法律だけではありませんから。

事例F 樹里は〝自分の物語〟を書き換えられるのか

雅子ケアワーカー
（樹里の担当になって5年目）

お母さんがまた…

樹里が鹿深の家に入所してきたのは小学校高学年のとき。母親が収監されてしまったのがきっかけでした。

母親にはこれまでにも複数の逮捕歴があり、そのたびに子どもらは一時保護されたり施設入所の措置がとられていました。樹里からは、消費者金融業者からの取り立てから逃れるため、住居を転々としていたことや、経済的に非常に苦しく電気や水道などのライフラインが止まることも何度もあったと聞いています。

学校にさえ行ってくれない

樹里は、私が新人時代に出会った子どもの一人です。施設内のホーム編成の変更により、樹里は私が担当するホームへ異動することになりました。新しい部屋へ一緒に荷物を運び込んだのが彼女との最初の関わりです。

中学2年生になってから、樹里は登校を渋るようになりました。朝、何度声をかけても起きられず、布団をめくったり、身体を揺すってみたり、上半身を起こしてみたり、話しかけてみたり、いろんな方法を試してみましたが、どれもあまりうまくいきませんでした。ようやく体を起こしてくれたと思っても、布団の上でボーっとしており、学校に行けそうか聞いてみても返事はほとんどありませんでした。

当時まだ新人だった私は「とにかく子どもを学校に行かせないといけない！」と思っていました。ですが、何もかもをあきらめてしまっているような樹里の態度を目の当たりにすると、どうしていいか分からなくなり、ひたすら途方に暮れるばかりでした。「思春期の子どもたちが多いホームでただでさえ難しいのに、樹里にいたっては学校さえ行かない！　話しかけても何も答えてくれない!!」そう毎日悩んでいたのをよく覚えています。

学校に行くどころではない？

どうにかこうにか、そんな苦しい日々を乗り越え、私自身にも少し余裕が出てくると、なぜ学校に行けないのだろう？　いつから行けなくなったのだろう？　などの疑問を抱くようになりました。

過去に樹里の担当をしておられた先輩職員に話を聞くと、中学に入学してすぐの頃は部活にも参加しており、毎日楽しみながら学校に通うことができていたそうです。母親が再び逮捕・拘留されたという連絡が児童相談所から入ったあたりから、生活が乱れてくるようになったということでした。

母親と一緒に生活することを目標に頑張っていた樹里にとって、このしらせはまるで夢がパッと消えてしまうような、大きな絶望感を伴うものだったに違いありません。それを考えると、学校に行くどころではなくなってしまうのも仕方がないことなのかな…と感じ、以来、「何が何でも学校に行かせなければならない！」とはあまり強く思わなくなりました。

樹里は、完全に不登校になったわけではありません。自分で自転車をこいで行く日もあれば、職員が車で送る日もありました。一旦登校すると、きちんと教室で授業を受けて帰ってきました。授業参観や学校行事の様子を見ていると、普通に友達と話をしていて、何だか楽しそうに過ごしているように見えました。「どうして学校に行かないのだろう？」と不思議に感じる一方で、「もしかしたら学校でかなり気を遣っているので、時々休みを挟まないとやれないのでは？」とも考えるようになりました。

そんな折、体調を崩して休職中だった先輩職員が復帰されました。その先輩職員と樹里は、好きなアニメのジャンルがよく似ていたということもあり、あっという間に意気投合するようになりました。アニメの話をするときの彼女はとても活き活きとして楽しそうで、まるで別人のようでした。いつしか樹里は、「声優になりたい」という夢を持つようになりました。それに伴い、高校進学を希望するようになり、登校状況も少しずつではありますが改善していきました。

ひどいだけじゃないのかも…

中学卒業後、樹里は通信制の高校に進学しました。ちょうど同じ頃、母親は出所され、樹里に会いにきてくれました。母親と出会っているときの樹里の何とも言えないうれしそうな表情は、彼女がいかに母親のことを大好きで大切に思っているかをよく物語っていました。

実は、母親は拘留期間中、手紙のやりとりだけはずっと続けてくれていました。送られてくる手紙はいつもすごく丁寧な字で書かれていて、思いの込められている様子がよく伝わってきました。

また、樹里の好きなアニメの映画版がいつも春に公開されるのをよく知っておられ、毎年欠かさずチケットを送ってくださいました。

私は当初、母親のことを「何度も子どもを裏切って、なんてひどい親なのだろう！」と思っていました。しかし、樹里のために何かできることはないかと思案し、やれることを確実に続けてこられた母親の姿に触れる中で、「もしかしたら、ひどいだけではないのかも…」と感じるようになり、逮捕に至るさまざまな出来事には、何かしら事情があるのではないかと考えるようになりました。

またか…

樹里の高校生活の滑り出しはこれまでになく順調なものでした。週に一度のスクーリングにもきちんと朝起きて行くことができていましたし、新しくできた友人と遊びに行く姿も増えました。アルバイトも開始し、声優になるという夢を叶えるための貯金を始めたほか、職員と話し合って決めた貯蓄プランもきちんと守っていました。高校1年生の終了時にはなんと卒業に必要な単位をすべて取得しているなど、これまでの生活がまるで嘘のようでした。話していても無気力だと感じることはなくなり、そうした変化を私自身もとてもうれしく思っていました。

しかし、そうした順風満帆な日々は突然終わりを迎えました。変化のきっかけとなったのは、大好きだった先輩職員の退職と、母親の再逮捕でした。母親がまたもや警察に捕まったという知らせを、樹里は表情も変えずただ淡々と聞いており、最後に「…またか」と小さく呟《つぶや》きました。表には出さないけれど、きっと大きなショックを受けているに違いないと感じていましたが、当時の私はどのように声をかけてよいか分からず、うまく話をすることができませんでした。

先輩職員の退職に伴い、ホーム担当の顔ぶれも大きく変わることになりました。そんな中でも、しばらくの間、樹里は学校にもアルバイトにも頑張って通っていました。しかし、次第にスクーリングの日に起きてこなくなることが増え、欠席が続くようになりました。お金も決められた金額以上を使うようになり、貯金の額もどんどん減っていきました。彼女は再び人生のすべてをあきらめてしまったようでした。

もう好きなようにしたらいいわ!!

これまで頑張って取得してきた単位があったため、高校3年生には何とか進級することができました。しかし、減っていく貯金、迫ってくる退園、本当に卒業できるか分からないといった状況に、私自身が強い焦りを感じていました。

いくらこれまでにアルバイトで貯めたお金があるといっても、このままのペースだと使い切ってしまう。そうなると、一人暮らしもできなくなってしまう。このままでは良くないと思い、一人暮らしを始めるために必要なお金の話や、その額を残り1年で達成するためには月々いくらずつ貯金しないといけないかという話などをしてみますが、樹里の反応は「知らん」「どうでもいい」「分かってるし」「無理」「その場のノリで決めるし」というような気のない返事ばかりでした。

樹里は好きな海外アーティストのグッズを買い漁るようになり、バイトで稼いだお金は丸ごとそこに注ぎ込むという日々。毎日のように荷物が届き、届くたびに「またか…」と思い、荷物の金額を知るたびに「こんなに高いものを買って！」と次第にイライラするようになりました。「困るのは樹里なのに、どうして分かってくれないのか!?」と腹が立ってきて、ついには「もう好きなようにしたらいいわ!!」と思ってしまうことも。実際に、樹里にも伝え、言い合いにもなることもありました。

この時期の私は、樹里とどう接していけばいいのか分からず悩んでいました。樹里と顔を合わせるのも嫌になり、話をしない日もありました。遊びに行くか、バイトで帰りが遅いほうが彼女と出会わなくてすむので安心するときもあったぐらいです。彼女と関わっていると、不思議とこちらも無気力になってくるというか、エネルギーを吸い取られるような感じがしました。ふり返ってみると、あれは樹里自身が日頃から体験している、「生きる意味を見つけられず、希望やエネルギーも湧いてこない、無気力な状態」を同じように感じていたのかもしれない、そして、グッズ購入ということを楽しみに、何とかそうした苦しい状況を彼女は生き抜こうとしていたのかもしれないと思います。今考えるとそう思えるのですが、当時はそのように感じられず、頭では分かっていても腹が立ち、イライラしてしまって受け入れられない時期もありました。

高校3年生になって半年が経った頃、ついに貯金は底をつきました。樹里はそれでも、アルバイトで稼いだお金を1円も貯金に回すことなく、すべて使い切るという生活を続けていました。学校にも行けないことが増え、留年が確定。「それでもやっぱり高校を卒業したい」と一時は頑張っていたのですが、どうしても続かず、最終的には出席日数が足りなくなって高校を中退してしまいました。

樹里の力を信じてみる

現行では、児童養護施設は20歳の誕生日を迎える前日までしか生活することができないため、退園に向けて進路を考えていかなければなりません。時間が迫ってくる中、私は樹里以上に悩んでいました。樹里を長年見ているのは私で、ホームで一番経験年数が長いのも私なので、何とかしないといけないと思っていたのだと思います。

ホームの職員と何度も話し合いを行い、まずは樹里の今までの生活をふり返ってみることにしました。すると、とても頑張り屋であるということを発見しました。

たとえば高校中退後、樹里はアルバイト生活になりましたが、途中で仕事を変えることや、休む日が続くことがあったとしても、アルバイト自体をあきらめてしまうことはありませんでした。他にも口癖のように「知らん、どうでもいい」と言う子ですが、何日か経つと自分から話をしてきたり、考えて行動したりしていることがあるのです。私たちが思っている以上に、樹里はよく考えて周りを見ることができる子どもだったのです。

つかみどころのない子でしたが、私は一度、樹里の力を信じてみることにしました。

まずは退園に向けての話し合いです。アルバイト代をすべて使うのではなく、一人暮らしに必要な資金を再び一緒に計算し、決められた金額しか使わないことを約束すると少しずつですが貯金もたまってきました。就職先についても、樹里が今までアルバイトしていた飲食店で就職したいと話をしてくるようになりました。そして、その飲食店から樹里のそれまでの頑張りが認められ、いきなり正社員でとはならなかったものの、雇ってもらえることになりました。

退園するまでには再び母親も釈放され、連絡を取るようになっていました。そして樹里は今、一人で暮らしながら正社員を目指して仕事を頑張っています。

お母さんがあれやで…

私は、樹里のことを生きる気力がなく、どこか人生をあきらめている女の子という印象をずっと持ち続けていました。おとなの事情に著しくふり回されてきた彼女の生い立ちを思うと、それも仕方のないことなのかもしれないとも思います。

なかなか、将来の話ができない樹里から、どうしたら言葉を引き出せるのだろうと考え、いろいろと試してみましたが、ほとんどうまくいきませんでした。でもそんな中で一度、彼女の口から「うちのお母さんがあれやで、うちがうまくいくわけないやろう」という言葉が語られたのを、私は印象深く覚えています。母親と自分自身を重ね合わせ、「どうせうまくいきっこない。だって自分は犯罪者である母と同じ血をひく、同じように価値のない人間なんだから」と考えているのだ、そんなネガティブなストーリーの中で彼女は生きているんだと強く感じました。

一方で、樹里と母親の関係をひも解いていくと、必ずしもネガティブなエピソードばかりではないことにも気がつきます。母親と樹里が昔話に花を咲かせている様子は傍《そば》から見ていても微笑ましいものでしたし、母親が刑務所の中から送ってこられる手紙や贈り物の数々からは「なんとか樹里との関係を途切れさせたくない」という切実な気持ちが痛いほど伝わってきました。そして何より、母親と出会ったときの樹里の穏やかな表情を見ていると、「やっぱりお母さんのことが好きなんだな」というふうに強く感じさせられました。

いいところがいっぱい…

私自身、最初は「なんてひどい母親だ」と思っていました。逮捕・拘留されたという連絡を受けるたびに、「またか…もういい加減にしてほしい！」という、怒りと落ち込みのないまぜになった気持ちを感じていました。

しかし、母親と樹里の二人の関係を長い目で見てみたとき、借金取りに追われて生活場所を転々としていても、捕まって刑務所に入ったりしても、「樹里のことを決して自分からは放り出そうとしなかった母親」という別の側面が見えてきました。それに伴い、「ひどい母親というだけではないのだ」というふうに感じられるようになり、樹里と母親の話をするときも、自然と悪い側面だけを取り上げるのではなく、何かしらの事情があったのではないかということを併せて伝えられるようになっていきました。また母親にも、樹里の様子や好きなものなどをこれまで以上に積極的に伝えていこうと思えるようになりました。

そうすると不思議なもので、樹里自身に対しても、見た目のやる気なさやそっけない態度のほうではなく、昔と変わらない、面倒見が良く優しいところ、頑張り続ける力を持っているところに目が行くことが増えるようになりました。「きっと苦しいときほど、こういった変わらない彼女の良い部分を認め、信じ、待つことが大切なんだ」。そう自分自身に言い聞かせながら、何とかこれまでやってきたように思います。共に暮らす中で確かに感じられた彼女の持つ力を信じながら、「大好きなお母さんと似ているところもちろんたくさんあるけれど、違うところ、樹里ちゃんだけの良いところもたくさんあるのを私は知ってるよ」と繰り返し伝えていきました。

樹里にどのくらい私の思いが伝わっているかはよく分からないところがありますが、少しは伝わってくれているものと信じたいです。そしてこれからも、樹里のネガティブなストーリーが少しでも良いストーリーに変わっていくように、関わり続け、応援していきたいです。

同僚はこう見ています

樹里の物語が変わる瞬間

同じホームの後輩保育士

私が樹里と出会ったのは、彼女が高校2年生のとき。顔立ちははっきりしており、「可愛い」というよりも「綺麗」という表現がピッタリくる感じの女の子です。しかし、いつも髪の毛はボサボサで服も毛玉がついたものを着て、年齢の割に身なりを気にしない、少し幼い印象を持ちました。

雅子さんの樹里への関わりを一番近くで見てきましたが、改めてこの文章を読み、「こんなふうにいろいろな感情を抱きながら関わっておられたのだな…」と、少し意外に感じる面がありました。私が見る限り、雅子さんはいつも本当に自然に、むしろ淡々と樹里と関わっておられるように見えていたからです。高校を中退するか話し合っているときも、「退園するときのことを考えるとお金の面は厳しいよ」という現実をしっかり伝えておられましたし、今後のことについても、へんに焦ったりすることなく、きちんと樹里の答えが返ってくるのを待ってから、二人で一緒に動き出されていました。そうした姿に「さすがだなぁ」と感じていたのをよく覚えています。

雅子さんが樹里と出会ったときは、先輩の職員さんたち、樹里からすれば気心の知れたおとなたちが複数いましたが、年月が経つにつれ、そのようなおとなたちは一人また一人といなくなっていきました。そうした中でいつしか彼女が心を許せる職員は雅子さんだけになりました。そのように生き残った雅子さんだからこそ、樹里はさまざまな気持ちを話せたのではないでしょうか。

「プラスの部分を率先して見つけ出し、それを私たち同僚と共有して、樹里という一人の人間を信じていこうとする」、そんな一貫した姿勢を雅子さんはとっておられたと思います。雅子さんのそうした動きにならい、私たちも「認め、信じて待つ」という関わり方を意識し始めたあたりから、樹里の発言や行動が少しずつ変わり始めたように思います。20歳の誕生日が近づいてくる中で、いよいよ樹里の意識が変わってきたという流れももちろんあるのでしょうが、私はこの「認め、信じて待つ」という雅子さん由来のスタンスを一丸として職員がとれたことが、一番有効だったのではないかと思っています。

退園間近には、樹里も随分と前向きに物事を考えられるようになり、困っていることなども積極的に私たちに話してくるようになりました。子どもがその力をいつ発揮するかというのは本当に人それぞれなのだなぁ、「待つ」というのはすごく大切なことなのだなぁと改めて感じさせられる機会となりました。私も雅子さんのように子ども一人ひとりに対し「認め信じて待つ」ことを意識しながら、これからも子どもたちといっしょにいろんなことを学んでいきたいと思います。

カンファレンスではこんなことが検討されました

「うちのお母さんがあれやで（あんなふうだから）、うちがうまくいくわけないやろ」というネガティブなストーリーを、どう少しでもポジティブに書き換えていけるかということが、話し合いの焦点になりました。

母の犯罪については母自身も困っていて、樹里に対してとても申し訳なく思っている節があります。逮捕、拘留が反復され、その一つひとつが樹里の道行きに影響を与えるのですが、母から樹里に丁寧な字の手紙が届けられたり、刑務所を出たあとにどこかに行ってしまうことなく樹里のところに戻ってきて、離れていても母子関係はずっと続いています。盗みを繰り返す母と樹里は異なる人間だという方向でのポジティブなストーリー作りだけでなく、いや、そのためにも、樹里が母をどう理解できるのかというテーマがあるように思われました。

保護者にふり回されてきた子は、自分が努力しても結局は保護者に邪魔されて実現しない経験を通して、どんなことに対してもまたダメになるんじゃないかという不安を抱え、さらには期待さえしなくなり、またそんな良い目にめぐり合えない自分は価値の低い劣った人間だと考えたり、もともと自分がそんな人間だから保護者が自分を大切にしてくれないのではなどと思いがちです。実際、そういう側面もある樹里ですが、そう思いがちという自分のテーマにちゃんと向き合い、向き合うからしんどくなる真面目さというか、力量を感じさせます。「うちがお酒を飲んだらどうする？」「うちがタバコを吸ったらどうする？」と担当者を試すような問いかけをするというエピソードも話されましたが、しんどい中でも自分自身を保とうとしている様子がうかがえます。その力量は母が育ててくれたものかもしれません。

樹里は、優しくて大好きな母と裏切られて怒りを感じている母とを、自分の中で一人の母としてどう統合していいのか分からないのではないでしょうか。母の性格が悪くてモノを盗ってしまうのか、性格は悪くないけどそうさせてしまう何かがあるのかというようなことも、本人と話してみていいのかもしれません。樹里にとって〝価値の低い劣った人間〟を証明するようなその他のエピソードについても、本人が捉えているような事情ではなく、実際はこういうことだったんだというような説明も大切かもしれません。自分を低く見積もっていても実際は力量の高い樹里は、知らず知らずのうちにその力量の高さを発揮していることでしょう。そこをすかさず担当者が評価してあげているのは適切だと思います。

樹里と一緒にもがいてきた担当者だからこそできる応援団は、樹里にとって頼もしいはずです。

編集委員ディスカッション❸
〜違うでもなく、同じでもない存在として〜

親と子どもと施設職員の関係

❖樹里は学校を辞めてお金も無駄遣いし、自立のために準備したものを自分の手で壊します。雅子さんはそんな樹里にギリギリまで追いつめられても放り出しませんでした。つまり、望みを失わずに関わってきたのですが、そのこと自体が「私はどうせダメ。あんな親の血を引く子どもなんだから」という樹里の自己イメージに一石を投じたんじゃないでしょうか。私には樹里がお母さんのことを捉え直したというよりも、自分がお母さんとのことで悩んで荒れていく経過の中で、同じように無力感を感じながらもあきらめずに伴走し続けてくれた雅子さんを、おとなのそして今後生きていく自分のモデルとして、新しく取り入れたという側面があったのではないかと思えるんです。

❖実は、裕二は中学卒業後について、施設での生活を続けて保育士を目指して勉強するという道を選びます。彼の親の生き方とはまるで正反対の進路選択でした。樹里も裕二も新しくモデルを取り入れたように見えますし、私たちはこれまで「親と子どもとの関係をめぐること」にあまりにもこだわり過ぎて視野が狭くなっていたように思います。「親と子どもと施設職員の三者の関係」の中で物語は進行するんだと改めて気づいた気がします。

人間っていろいろ

❖この二つの事例の特徴は、焦らずあきらめずに子どもの変化・成長を待つことを辛抱強くやり続けたところです。いくらおとながこうあるべきだと諭したところで最終的に自分の行動を決定するのは本人ですからね。無理なときは無理だし、養育者としては待たないと仕様がないことって結構あります。言うは易しで結構難しいことですが、それをちゃんとやり遂げた2事例です。でも、実際はもっと大変だったと思うし、ここまで冷静に見つめ直して書けることに感心すると同時に、もう少し生々しく書いても良かったのになとも思います。そして、亮子さんは文中にも「正論を掲げがち」とあるけれど、どちらかというと「こうあるべきだ」というのが強いタイプですよね。その亮子さんがこういうストーリーを描いたというところにも興味を惹かれますけどね。

❖「人間って、人生っていろいろあるよね、あるんだね」というメッセージで満たされている2事例です。サブタイトルをつけるとしたら「子どもも職員も事実から学ぶ〜」でしょうか。

裕二は王国を作っているけれど、うまくいかない事実に向き合って自分を変えてきています。職員も「発達障害のある子はこういうものだ」ではなくて、裕二が「月が綺麗や」みたいなことを言ったという事実にもとづいて関わっています。自分のこれまで持っていた枠に入らないことも含めて「そうなんだ」と受け止め、その繰り返しの中で少しずつ亮子さんの認識の枠組みが広がっていきます。樹里の場合も、「親があれやで」という言葉はあるけれども優しいお母さんであったという事実も片方にはあって、そのどちらかの事実だけを取り入れて「お母さんはこうだ」と決めつけその筋で押し進めるようなこともなく、両方の事実を踏まえて全部受け入れていくような姿勢で雅子さんは関わっています。

親に代われるんだろうか

❖私たちの中には親などの自分が大切にしている存在が内在化されて、それが今の自分を形作っているんだろうなと思います。子どもたちの支援で最も難しいのは親の取り扱い方です。子どもにとって大きな存在として「親」がまずドカンと座っているわけですが、それを無理やりどかせてしまうのもよくないんだろうし、でもここにあがっているケースのように、「本当にその親を一番のモデルの座に置いたまま、大きくなっていいのかな?」と心配になるときに、職員が親に代われればいいなと思うわけです。でも、私は関わりの深かった高校生の女児から「『親』でもないくせして『親』になるって言うんだったら、とことん私のことを抱きしめろ」みたいなことを求められて困ったことがあります。私は職員であってそれはできないから応じなかったのですが、その子からしたら「やるんだったら、とことんやれよ」という感じだったのでしょう。子どもが施設にいる間は親代わりではあるけれど、退所したらまた違う関係になるんだよという現実を踏まえながらも、親に代わるモデルとしてそこにちょっと座らせてもらいますねっていうような葛藤を日々実際に感じています。子ども自身が自分でモデルを選ぶというか置き換えてくれればいいのですが、こちらからモデルをやろうとすると必ず反発が起きます。自然な形で子どもが自分から職員をモデルの座に置いてくれることが、たぶん理想なんだろうなと思います。

モデルのタイプ

❖「裕二王国」と名付けたのは私なんです。私は彼が中学生の頃の担当でした。裕二のことを「いくら教えても変わらない子」だと思っていましたが、いつか分かるときもあると思って、「正しい考え方」を彼に伝えることをいつも意識していました。でも、家への帰省から戻ってくると、私が丁寧に言い聞かせたことがリセットされています。「あの話って結局こうだ。お父さんとしゃべったらこうだった」とひっくり返され、また一から教えるという繰り返しでした。でも、その「正しい考え方」が生きたのは、自分より一歳年長の憧れる先輩が登場したところからです。また進路に保育士を選んだのは誰もがとても不思議に思うところでした。周囲は裕二には保育士は「合わない」と思って止めましたが、「大丈夫、進む」と変わらず、そこだけは私の「正しい考え方」の教えがちょっと間に合いませんでした。でも「ああ、そうだった。俺って小さい子に関わるのは苦手だった」と気づく可能性はこれからあると思っています。

❖裕二には、亮子さんのある意味で一方通行の関わりがボディブローのように効いたのではないでしょうか。先ほどの「正しい考え方」の教えと重なります。そのときの行動は変わらないけれど、後々裕二が「ああ、そういえばそんなことを言われたことがあるな」と思い出すのにつながったかなと思います。一方通行ではなく裕二の言葉をよく聞いてやりとりをすると裕二にどんどん巻き込まれ、どちらが正しいかをめぐって主導権争いが起こるでしょう。しかし、「私はこう思うから!」と一方的に言い放たれる、言うなれば先ほど話していたモデルのイスに亮子さんがドンと座り込んでしまうみたいな感じが、功を奏したように思います。確かに相手や状況に合わせて言葉を変えられるより、「私はこう思うから!」と言われたほうが「この人の考えはこうなんだ」と把握しやすい側面があります。

❖親子で経験したことと施設で経験したことの二つの生き方のモデルが、裕二の中にできつつあったように思います。二つできるとどちらにしようか迷います。一方を選ぶともう一方を捨てることになるし、そのときには一度手放すと取り返しがつかないことへの覚悟も必要だったりするでしょう。裕二の一連の発言などを見ると、多分、親ではない職員をモデルにすることは相当に怖いことだと思うんですね。親に「(施設のほうを選んだ) 裏切り者」と責められるんじゃないかという恐れが出てきても何も不思議じゃありません。「できることなら家族のやり方にうまく適応して、また一緒に仲良く暮らしたい」という、一縷の願いを子どもたちは捨てきれないように思いますが、施設職員をモデルとして選び取るには、そのあたりの希望をどこかで手放さなければなりません。

❖雅子さんも子どもたちに影響をたくさん与えています。「自分のターニングポイントになったのは、高校進学時の雅子さんの支えだった」と言った子もいます。雅子さんは明確な方針でガンガンと進めていくタイプではありませんが、「ああでもない、こうでもない」と一緒に迷いながらつきあってくれたのが「ありがたかった」という思いが、その子どもの中に残っているようです。亮子さんと雅子さん、それぞれにモデルになっているのですが、そのなり方が極端に違うのが面白いところです。

自分で選ぶ

❖昔は、子どもは親を見捨てたほうが早く独り立ちできるみたいによく言われていました。

施設を退所して働いたら親にすぐ貯金を持っていかれたり、親の借金を背負わされたり、そういう子どもたちがいたことが背景にあります。でも、その子らの行く末はそれなりに親とうまくやっていたりします。逆に親から離れた子どもが親と同じようなことを繰り返してしまったり…。やはり、子どもの主体的な選択が大事なんだろうと思います。親をめぐることはそれだけ複雑で、子どもたちにとって大切で深いテーマなんでしょう。また、親とは別に自分が「これ」というモデルをつかむことができたら、そこから連鎖的にポンポンポンとポジティブな方向につながっていく事例も複数見てきました。施設で「自分はこの人をモデルにしたい」と思えるような職員に出会えた子は、今のところですが、落ち着いた生活を送れているように思います。

❖樹里は信頼できる男性パートナーを退所後に見つけることができました。そのせいもあるのか、この間遊びに来てくれたときには随分活き活きとしたしゃべり方をするようになっていました。雅子さんの文章に出てくる頃の樹里はネガティブな雰囲気をまとっていましたし、自分のしたいことを見つけられないまま退所したときの様子とはまるで別人でした。モデルとはちょっと違うかもしれませんが、一緒に「生きていきたい」と思える人なのかな、そういう人がいると変われるんだなと強く思いました。

❖おとなたちの都合にふり回され、自分の人生なのにその舵を切るハンドルを持たない生活を送ってきた子どもたちにとって、親に対してどんなふうに関わっていくのかを自分なりに考えて決めたり、さまざまなことに出会い納得して選び取る経験はとても意味があることのように思います。雅子さんの関わり方は見方によっては頼りないかもしれません。しかし、子どもから自分で決めるという主導権を奪わないということを徹底しているようにも見えるんです。「モデルを得る」というのとは別に、「待つ」とか、自分で感じ・考え・選び取るという主体的な行動を子どもに保障するとか、そういうことの重要さも考えさせられました。

4 気持ちを込めて贈る

事例G 何でも買ってくれる両親と口うるさい職員

哲夫ケアワーカー
（貴史の担当になって5年目）

貴史との出会い

貴史は小柄でまだまだあどけなさの残る中学生の男の子です。もともとの人懐っこい性格であることに加えて、長い間ずっとホームの最年少であったというのもあり、施設の中ではおとなからも子どもからも〝かわいい貴ちゃん〟というふうに見られていました。

そんな貴史ですが、家庭内での虐待の疑いにより、物心のつく前から施設で暮らすことを余儀なくされていました。そのため彼には両親の記憶やイメージというものが一切なく、小学生になってきちんと説明を受けるまでは、担当の施設職員のことを親だと認識しているような状況でした。

そんな貴史と私の出会いは、彼が小学校低学年のとき。私はまだ、鹿深の家に入職したばかりでした。

それまで私は子どもと関わる別の仕事をしていたのですが、その職場にいろいろとトラブル続きのお子さんがいました。「なぜこの子はこんなに暴れるのか?」「なぜみんなと違う行動ばかりとるのか?」。そうしたことを考えているうちに私は「家庭環境に問題があるのではないか」という一つの仮説にたどり着きました。そして次第に「この子のような家庭に恵まれない子どもたちの力になりたい」と思うようになり、鹿深の家の採用試験を受けました。

大量の怪獣に囲まれて…

貴史の話に戻りますが、出会った頃の彼は、戦隊物や怪獣の人形が大好きで、遊びに行くときはもちろん、家の中でも常に肌身離さず持っていました。それらを使って単純に戦いごっこをすることもあれば、きれいに並べて遊んだり、時にはボウリングのピンのように並べてボールを転がして倒したり、バリエーション豊かに貴史の独自の遊び方で遊んでいました。

何が楽しいのか理解できないことも多々あったのですが、それよりも私が気になったのは彼が所有していた人形の数です。１００体は優に超える数を所有しており、小学生の彼がお小遣いで買える範疇を逸脱していることに、当時の私はすごく違和感を覚えていました。後に先輩職員に経緯を尋ねたところ、貴史自身のお小遣いで購入する場合もあるけれども、両親からのプレゼントとしてもらうことが大半だと聞きました。ただし、両親との面会は未だに児童相談所の許可が下りておらず、親子は入所後一度も顔を合わせることがなく、ずっと物のやりとりのみを続けてきたということでした。

人形をはじめとした玩具の他にも、おやつや衣類、文具等、あらゆる物が両親から児童相談所の担当ケースワーカーを通じて子どもたちに送り届けられてきました。必要な物・欲しい物はすぐ手に入るという状態が続き、そういった意味では不自由なく過ごすことができていましたが、一方で〝モノ〟を中心としたさまざまな問題を貴史が引き起こす素地にもなっていると感じていました。

エスカレートを止めなくては

貴史が小学校高学年になった頃、それまで戦隊ヒーローや怪獣の人形をコレクターのようにひたすら集めていたのがパッタリと止み、今度はトレーディングカードを集めることに興味がシフトしていきました。

はじめは無理のない範囲で自身のお小遣いを使って購入したり、同じカードゲームをしていた施設の年上の子どもたちからもらったりと、いわば正攻法でカードを集めていました。しかし、これではなかなか強力なレアカードが手に入れられないと思ったのでしょう。次第に変化が見え始めました。まずは、今まで以上にもっとお小遣いを使用したいと職員に要求してくるようになりました。今まで欲しい物は常に手に入る環境下に置かれていたこともあり、〝欲しい物は買えばよい〟という考え方が根強く、その価値観を修正させようと貴史とお小遣いのやりくりの仕方について話し合いますが、なかなか理解してもらえず、彼の口から語られるのは「使えるお金が少なすぎる」という不満ばかりでした。目当てのカードをピンポイントで当てられる確率は低く、1パック購入して当たらなければもう1パック…また1パックと、どんどん深みにはまっていきました。しかし、お金には限りがある以上、どこかで我慢しないといけないし、カード以外にも必要なものは当然出てくるわけで、そういった兼ね合いを考えながらお金を使っていく必要性、端的には、あればあるだけ使っていいわけではないことを、彼に伝えたいと思っているのですが、これがなかなかうまくいきません。

ある日、「千円分の小遣いを使って買い物に行きたい」と言ってきたことがありました。あいにく、お小遣いの残金が一万円札しかなく、「使ってよいのは千円だけだよ」と念を押して一万円札を持たせたところ、半分以上使って帰ってきました。帰宅後、「止めようと思ったけどできなかった」と泣きながら弁解する様子を見て、何とかこの状態から立ち直らせたいという思いを強く持ちました。しかし後日、さらに事態は悪い方向に。今度は一緒に遊んでいた友人のカードを盗んで帰ってきてしまいました。その日の夕方、友人の父親から「カードを探している」という電話が入ったため、すぐに本人に確認しますが、いかにもそれらしいストーリーを巧妙に作り上げ「自分は盗っていない」と説明します。これはいつもの貴史のパターンで、話をどんどん詰めていくとやがてボロが出てきて嘘が発覚します。そのたびに彼は大泣きしながら「ごめんなさい」と言います。この後も、両親に大量にカードをねだったり、自身よりも年下の児童に対して交換を強要したりといった方法をとるようになっていきました。

高かった実在する両親へのハードル

少し話が前後しますが、貴史が小学校低学年の頃、それまで禁止されていた両親とのモノ以外での交流がスタートしました。物心ついた頃にはすでに施設で生活していた貴史ですから、両親の存在はよく分からないけれど〝物をくれる人たち〟という認識でした。

最初は両親からのビデオレターを見るところから始まりました。初めて送られてきたときは、気持ちも落ち着かなかったのでしょう、ビデオで話している父親のしゃべり方を真似したり、ウロウロしたり、大笑いしてふざけたりといった様子だったことを今でも鮮明に覚えています。当時、小学校低学年でしたから、そのときの思いや感情を言葉でうまく表現することなんてなかなかできません。ビデオレターを見て以降、就寝前の落ち着いた個別の時間を使って、貴史の気持ちを一緒に整理することに努めました。「ビデオで見た両親はどうだった？」と聞くと、彼は笑みを浮かべながら「お父さんが大きかった。しゃべり方が面白かった」と答えました。こうやって感想を聞くと、見ていないようでしっかり見ていたのだなということがよく分かりました。こちらの投げかけに対してなかなかうまく答えられない貴史の気持ちの整理は難しかったのですが、それまでおぼろげな存在だった両親の姿をビデオの画面を通して見ることができ、そもそも自分にもちゃんと両親がいるのだと確認できたことはうれしそうでした。その一方で、これからどうなるのだろうという不安もあり、さまざまな感情が生まれて混乱している、そんな状況だったのだろうということが想像されました。

今度は貴史からの両親宛のビデオレターとして、遊んでいる様子や普段の生活をしている姿を撮影したものを送付しました。これらのやり取りを数回経て、小学校中学年の冬、ついに初めての親子面会の場が設定されました。ですが貴史は面会に出席しませんでした。理由を聞いていくと「ドキドキする。まだ両親には会いたくない。誘拐されないか心配」というような発言が出てきました。〝誘拐〟というワードが出てきたことにすごくドキッとしました。職員としては、児童相談所のケースワーカーや私たち職員も同伴のうえでの面会なので安心できる環境下であることを認識していましたが、貴史からすればビデオで数回見ただけの人たちであり、自分の親だと言われても実感が湧かず、直接会うのは怖いと感じたのでしょう。心の準備がまだできていないこのタイミングでの面会を拒否できた貴史に、このときすごく感心しました。

その後もこれまで通り、本や玩具等の貴史が欲しいものは児童相談所を通じて両親から定期的に受け取るという物のやり取りは続きました。ビデオで両親の存在をはっきりと認識するようにはなりましたが、依然〝物をくれる人たち〟という認識は変わっていないように見えました。そんな中、貴史が小学校高学年の秋に再び両親との面会の場が設けられることとなりました。その事実を伝えたとき、貴史は開口一番「Nintendo Switch（ゲーム機）くれはるかな？」と言いました。面会はそういう場ではないことを伝えるとあからさまに不機嫌になり、友人と遊んでいたほうがマシだと言い、ふてくされてしまいました。面会自体には参加でき、貴史にとっては初めての親子面会の機会になりました。面会では父親と趣味の話で盛り上がり、プレゼントももらえて上機嫌でしたが、その一方で親に対する〝物をくれる人〟という認識はより強固になっているのを感じました。

どうして分かってくれないんだ！

両親との関わりの中で、欲しいものをすぐに買い与えてもらうという経験をたくさん積んできたことが、前述したトレーディングカードのエピソードに見られるような〝欲求を止められない〟〝見境なく手に入れようとする〟ことにつながっていると私は思っていました。また、貴史は周囲に対して、自分の所有物をいろいろあげることも多く、〝モノ〟を媒体として他者とのつながりを作ろうともします。私は「人と人との関わりにおいては、物でのつながりだけではなく、人の温もりや優しさといった目に見えない心の通い合いのようなものが重要なのだ。そのことに貴史が気づき、知っていく必要がある」と思っていました。しかし、どうすればそのように考えられるようになるのだろうということを思案しすぎて、いつも無力感や虚無感といった感情に襲われていました。お小遣いを使いすぎたり、人の物を盗ってしまったりという失敗を繰り返し、そのつど話を重ねるものの、やっぱり同じことをしてしまう貴史に、私はどうやって関わればよいのか分からず、すごく悩みました。同時に「どうして分かってくれないのだ！」という怒りの感情も感じていました。

誕生日でもクリスマスでもないのに数千～数万円するような高価な物を簡単にリクエストし続ける、両親からのプレゼントに対して〝もらってあたりまえ〟だと感じている様子の貴史に、私はだんだんと「本当に厚かましい子やな…」などの否定的な感情を覚えるようになっていきました。加えて、貴史が両親にリクエストしてもらったもののはずなのに、数日後には放ったらかしになっていたり、友だちにあげてしまったり、物を大事にしない姿も目にあまる状況で、そういった彼の態度や言動が私にはどうしても理解できず、そもそもどこか許せないような気持ちにさせられていたところもありました。

「何とかしなければ…」そうした私の思いとは裏腹に、両親との面会のスタイルが、児童相談所の一室で出会う形から、外出という形へとステップアップしていく中で、彼の物欲はさらに拍車がかかり、それに応えるように両親は会いに来るたびに彼の欲しい物を聞いて買い物に出かけていきました。言えば何でも手に入る。あまりにも環境が整いすぎているような気がしていました。「何でも買ってくれる両親と口うるさい職員」という構図を、貴史は成長するにつれ構築していったように感じます。

ちょっと待てよ…

担当職員間でも悩み続けていましたがなかなか答えは出ませんでした。それどころかどんどんエスカレートしていく状況に、本児との関係もギクシャクしていきました。そんなとき、上司からあるアドバイスをもらいました。「『普段一緒に暮らせないからこそ、子どもには欲しいものを贈ってあげたい』という思いを親が持つのは、それほどおかしいことではないのではないか。また、両親も貴史と小さい頃から一緒に過ごせていないから、〝物を贈る〟という方法しか自分たちにできることを思いつかないのだろう」。それを聞いたときに、私の中ですごくハッとしたことを覚えています。それまで私は、両親の仕送りの量や貴史の要求に100パーセント応える姿勢に疑問を持ち、そこにすべての原因があると考えていました。しかし、それは私の価値観に基づいた見方であり、理想の親子像を押し付けていたことに気がつきました。親子の形態は無数にあるだろうし、これはこれで貴史一家の形なのかなと思うと、すごく気が楽になりました。気が楽になると不思議なもので、それまで気づかなかったことが見えてきました。両親の子どもに対する思いに私自身が気づいたことで、両親の思いを尊重しつつ、貴史とどう折り合いをつけていくのか、どう関係を作っていくのか、ということを考えるようになりました。

家族ごっこじゃなくて

とはいえ、物を与えること自体は悪いことではないものの、広がりがないという点についてはやはり気になっていました。先ほど、これも貴史一家の形なのかなと思うようになったと書きましたが、やはりどこか〝家族ごっこ〟感が抜けきらないし、〝物を与えることだけが親子の交流をするための手段〟になっているような側面があると感じていました。より普通の家族に近づいていくために、一体何が必要なのだろうか。その答えはまだ分かりませんが、物であったり、面会の回数であったりといった目で見える事象ではなく、その背景にある思いや願いといった、目に見えない部分に貴史が目を向けられるように職員が関わることの積み重ねが必要であると思っています。今まで、貴史の小遣いの使用方法や両親への要望等に対して、職員としての思いや価値観から細かく指摘してきましたが、今は許容する範囲を広げて価値観を押し付けすぎないようにし、お互いの着地点を模索するようになりました。そうすることで貴史から、お金の使い方だけでなく、家族への思いや疑問を話してくるようになりました。

強固になっていた〝物でつながる両親〟と〝物だけでつながることを嫌う職員〟という二項対立の構図が一つのネックとなっていた貴史ですが、それが少し緩和され、〝物だけでつながることを嫌う職員〟に対して家族への疑問を頻繁に尋ねてくるようになったのです。裏で同時に〝物をくれる人たち〟という両親に対する認識も少しずつ変化してきているのかもしれないと感じました。また貴史が抱く両親への疑問は、両親に直接回答してもらうことで〝家族ごっこ〟からの脱却ができるのではないかという思いから、児童相談所に協力を請い、両親から貴史の疑問に対して説明をしてもらう場を設定することも始めました。こういったサポートを続けることが、私たち職員には必要なのだと思いますし、物ではない別のつながりへと開かれていく一つのきっかけになると信じています。物をあげることをゼロにするのではなく、物のあげ方が少しでも意義深いものになっていけることを目標にしていければと思っています。

貴史一家の再スタートはまだ始まったばかりです。まだまだ幼さが残るものの思春期真っただ中の貴史なので、一筋縄ではいかないことだらけですが、物のやりとりの背景にある両親の気持ち、ひいては「家族」というものについての興味・関心を少しずつ持ち始めた貴史への丁寧なサポートを、これからも続けていきたいと思っています。貴史の将来に向けて、〝モノ以外でもつながれる心地よさ、満足感〟を少しでも経験していけることを目指して。

同僚はこう見ています

貴史への理解と支援、そしてその先

同じホームの先輩保育士

私が貴史と初めて出会ったのは彼がまだ保育園に通っていたときでした。まだまだ言葉もつたなく、人と関わるときには必ず人形やおもちゃを介して遊ぶという形をとっていました。貴史が繰り出す人形遊びには彼の中で作られた独自のルールのようなものがありました。私たちはそのルールに則り、彼の世界を大切にしながら一緒に遊び続けました。貴史にとってこの人形は、外の世界と彼とをつなぐ大切な役割を果たし安心感を与えてくれる、かけがえのない自身の一部だったのではないかと、今でも私は思っています。

幼い頃に施設入所し、物心ついたときにはすでに施設で暮らしていた貴史。私が担当になってからも、長い間、両親との交流はありませんでした。月に一度、関係機関を通じて両親から欲しいものが送られてくるようになってからも、貴史の中での両親の存在というのは曖昧なままで、「欲しい人形やおもちゃをプレゼントしてくれる人」という範疇を超えていないように見えました。

今ふり返ってみると、離れて暮らしている両親の「物を買って送るしかできない」という苦しい立場や「自分たちにできることがあれば精一杯してやりたい」という想いも十分に理解できるのですが、当時の私にはなかなかそこまで想像ができませんでした。貴史と同じように、私たち職員も、両親が実際にいるという実感が湧きにくく、「あしながおじさん」のような曖昧な存在としてしか捉えられていなかったのだと思います。

面会など一切ないまま、プレゼント（貴史の欲しいもの）だけが定期的に届くという状況が続く中で、「ものを介して人とつながる」という彼の価値観は、より一層強化されていっているように見えました。年齢が上がり、よそからものを勝手に持って帰ってくるなどのトラブルが起こるようになるにつれ、哲夫さんをはじめとする彼のことを近くで見守っている職員さんは、「貴史が将来、衝動的に欲しいものを盗み、犯罪を犯すようになるのではないか」という不安を感じるようになっていきました。貴史と話し合う機会を何度も持ち、やってはいけないことを繰り返し言い聞かせ、時には行動を制限したり、対応に頭を悩ませながら本当に懸命に関わっておられたと思います。

人とのやりとりがあまり得意でない貴史にとって、「ものを介して人と関わろうとする」コミュニケーションスタイルは生きていくのに必要な術《すべ》だと私は思っていました。でも、その理解を職員同士で共有するのは必ずしも簡単なことではありませんでした。彼にとって必要な関わりとは何か、悩みや葛藤を感じることもありました。職員同士での話し合いを続ける中で、私たちは改めて貴史の生育歴や家族とのやり取りの経過を見直す必要性を感じるようになりました。

幸いにも時を同じくして、ちょうど貴史自身からも「これから親とどのように関わっていけばいいのか？」「そもそも親子というのはどのような関わりをするものなのか？」という疑問がポツポツと語られるようになってきました。家族に対してどのような思いを抱いているのか、将来家族とどのような関係を築いていきたいのかなど、私たちは貴史の思いを一つひとつ丁寧に汲み上げていきましたが、中でも哲夫さんは彼と両親とをつなぐ、架け橋のような役割を中心的に担ってくれていました。そういった取り組みを積み重ねる中で貴史が「人」、ひいては「世界」に安心感を感じられること、それがモノを介する方法も含めて、人とつながろうとする彼の歩みの一歩になったと私は思っています。

カンファレンスではこんなことが検討されました

哲夫さんの文章では述べられていませんが、貴史ははじめて親子で面会する前に、「外泊がしてみたい」「家がどのようなところか気になる」「両親はどんなシャンプーを使っているのか、どんなご飯の味なのか気になる」と述べています。まだ見ぬ家庭にレンズをワイドからズームにして接近していくような語りなのですが、それにしてもズーム画面がとても特定されて具体的なことが印象に残りました。

でも、その印象は他のエピソードにもあてはまります。ビデオレターで見た両親への「お父さんが大きかった。しゃべり方が面白かった」というコメントや、「(面会時に) Nintendo Switch (ゲーム機) くれはるかな?」という発言などです。刺激に対する反応の内容がとても即物的で直接的です。貴史としての思いはもっと抽象的に漠然とはあってもそれを表現できないからとか、照れ隠しなどの要素も想定されたとしても、衝動買いや友だちのカード窃盗にも表れているように、あまりに表面的な「図」に貴史の反応が結びついていることは指摘できると思います。

貴史は衝動性が強く、刺激と反応の間に適切な思考や判断を挟むことが苦手な固有の特徴があるのかもしれません。しかし、それだけではなく、一度目の両親との面会の機会に「ドキドキする。まだ両親には会いたくない。誘拐されないか心配」と行かず、二度目には行った気持ちの流れの中には、「即物的で直接的」ではない何らかの気分の流れ(「図」に対して「地」の気分)もあるように思います。

表面的な「図」といえば、両親が貴史に与える「モノ」がまさにそうです。そして、10年の間をおいていきなり始まった親子の交流も「家族ごっこ」のような取って付けたもので、「親子の交流をするためにする」というような側面があるのではないでしょうか。家族再統合というお題目の実行に過ぎない部分は改めて、より自然なアプローチを時間をかけて行ってはどうでしょう。

「モノでつなごうとする友だち関係」「モノでしかつながっていない親子関係」に対して、担当者はどのように「そうではない関係」を貴史に根付かせることができるのでしょうか。もしかして、「モノでつながる」対「モノではつながらない」という二項対立ではなく、モノでもモノ以外でもつながれる関係を目標として想定したほうが、貴史や彼の家族の現時点から出発する形となって、貴史にも担当者にも負担が少なく、そして貴史と担当者とで共有できる部分もさらに拡がるのではないでしょうか。その拡がった共有部分は「モノ以外でもつながった」関係なのでしょうから。

…そのような検討も経て、事態はより意味深く進行しているようです。

郵便はがき

料金受取人払郵便

神田局
承認

7846

差出有効期間
2024年6月
30日まで

切手を貼らずに
お出し下さい。

101-8796

537

【受 取 人】

東京都千代田区外神田6-9-5

株式会社 **明石書店** 読者通信係 行

お買い上げ、ありがとうございました。
今後の出版物の参考といたしたく、ご記入、ご投函いただければ幸いに存じます。

ふりがな お名前	年齢	性別

ご住所 〒 -

TEL ( ) FAX ( )

メールアドレス	ご職業（または学校名）

＊図書目録のご希望	＊ジャンル別などのご案内（不定期）のご希望
□ある □ない	□ある：ジャンル（ ） □ない

書籍のタイトル

◆本書を何でお知りになりましたか？

□新聞・雑誌の広告…掲載紙誌名［　　　　］
□書評・紹介記事……掲載紙誌名［　　　　］
□店頭で　□知人のすすめ　□弊社からの案内　□弊社ホームページ
□ネット書店［　　　　］　□その他［　　　　］

◆本書についてのご意見・ご感想

■定　価　□安い（満足）　□ほどほど　□高い（不満）
■カバーデザイン　□良い　□ふつう　□悪い・ふさわしくない
■内　容　□良い　□ふつう　□期待はずれ
■その他お気づきの点、ご質問、ご感想など、ご自由にお書き下さい。

◆本書をお買い上げの書店

［　　　　市・区・町・村　　　　書店　　　　店］

◆今後どのような書籍をお望みですか？

今関心をお持ちのテーマ・人・ジャンル、また翻訳希望の本など、何でもお書き下さい。

◆ご購読紙　(1)朝日　(2)読売　(3)毎日　(4)日経　(5)その他［　　　　新聞］

◆定期ご購読の雑誌［　　　　］

ご協力ありがとうございました。

ご意見などを弊社ホームページなどでご紹介させていただくことがあります。　□諾　□否

◆ご 注 文 書◆　このハガキで弊社刊行物をご注文いただけます。

□ご指定の書店でお受取り……下欄に書店名と所在地域、わかれば電話番号をご記入下さい。
□代金引換郵便にてお受取り…送料+手数料として500円かかります（表記ご住所宛のみ）。

書名	冊
書名	冊

ご指定の書店・支店名	書店の所在地域　都・道 府・県　市・区 町・村
	書店の電話番号　（　　　）

事例H　黄色いワンピースに詰まっていたもの

郁雄心理士
（小春の担当になって7年目）

第一印象

小春が鹿深の家にやってきたのはまだ幼児さんのとき。日本全国を数か月単位で転々としたあげく、地域と家族のつなぎ手で家計の担い手でもあった母親が突然蒸発。その結果、家庭は孤立したうえ、経済的にも困窮、最終的には住む場所も失ってホームレスになるところを一時保護されたと私たちは聞いていました。

当時、まだ入職したてだった私が管理棟の廊下を歩いていると、偶然窓の外に児童相談所のケースワーカーに手を引かれて本館前の坂道を上ってくる小春の姿が見えました。私がまず目を引かれたのはその体格の小ささと身にまとうある種のみすぼらしさでした。同じような印象は担当の保育士さんたちも持たれたようでした。髪を切り用意した新しい洋服を着せ、身なりをきれいに整えてみるのですが、にじみ出る惨めさのようなものは不思議なことにどうにも拭い去ることができませんでした。

「ずるい！ ずるい！」

施設での小春は、最初それほど目立つタイプではありませんでした。年上のお姉さんたちに置いて行かれないよう、ひときわ小さな彼女が後ろから必死な顔で追いかけている、そんな光景をよく目にしました。

しばらくすると、小春は生活の中で特徴的な行動を見せるようになりました。職員が他の子どもたちに何かしら物を与えているのを見つけると、「ずるい！ ずるい！」と早口でまくし立てながら、その職員のことを延々と追いかけ回したのです。職員は決してずるくはないことを何度も説明しようと試みましたが、彼女は一切聞く耳持たずでした。

追尾ミサイルのようにずっと追いかけ回すそのしつこさに、なかば根負けするような形で仕方なく同じものを小春に与えても、あまり良い結果にはなりませんでした。しばらくは与えられたものを黙ってじっと眺めているものの、そのうち何か思い立ったように自室に向かい、手に入れたものをポイっと放り捨て、また何事もなかったかのように職員の後追いを再開するというのがお決まりのパターンでした。物が増え、どんどんゴミ屋敷のようになっていく小春の部屋を見て職員は、「せっかくあげたのにこんなふうに粗末に扱うなんて！　もう何もあげたくない！」という気持ちをかき立てられましたが、同時に与えたものがきちんと彼女のエネルギーになって溜まっていってないことも痛感していました。

「小春が求めているのはきっと物ではなく、おとなとの関わりなのだろう」と考えた私たちは、彼女となるべく個別に過ごす時間を作るようにしました。職員との一対一の時間を小春は嫌がるわけではありませんでしたが、「あってもなくても別にどっちでもいい」というような態度で、とくに何をするわけでもなく、ベッドに横たわって漫画を読む彼女の隣に職員はただいるといった感じの状況でした。話しかけても本に夢中になっているせいなのか、「ふーん」「そうなん」などのあまり気のない返事ばかりで手応えをなかなか感じられず、そのうち日々の慌ただしさに紛れてこうした取り組みはだんだんと下火になっていきました。

いい加減にしなさい！

小春が一体何を求めているのか、いまひとつよく分からなくなってくる中で、ひたすら「ずるい！」と追い回される日々に、担当職員の疲弊の色も次第に濃くなっていきました。この頃、彼女に関する大小のケース会議が施設の中で何度か開催されましたが、「こうしてあきらずに求めてくるだけ力のある子じゃないの！」「お世話される経験がこれまで足りてこなかった子なのだから、とことん満足するまで与え続けるしかない！」といった結論にたどり着くことが多く、担当職員は「自分たちの苦しさを分かってもらえない！」等の不満をさらに募らせていっているように見えました。こうした悪循環に陥り、小春に対する否定的な気持ちが担当職員の中でどんどん大きくなるにつれて、「いい加減にしなさい！」などと大声で叱りつけてしまうような場面も増えていきました。

プレイセラピーしてみない？

こうした状況を受け、「小春のことを理解していくための一つの材料になれば…」との思いから、プレイセラピー（まだおとなのように言葉で表現することが難しい子どもと、遊びを通じて行う心理療法）を始めることを私のほうから提案してみました。幸い彼女のほうからも「毎日イライラしてしんどい。このイライラをなくしたい」という要望が語られたため、スムーズに導入することができました。

心理療法場面では、担当の保育士さんからうかがっていたようなしたたかな小春の姿はほとんど見られませんでした。入室してもなかなか動き出すことができなかったうえに、彼女がおずおず自信なさげに繰り出す遊びというのは、どれもこれも他の子がプレイセラピーの中で過去に取り組んだことがある、もしくはちょうど今、取り組んでいる最中の遊びのマネでした。どうやら小春は、私と心理療法をしている他の子どもたちに、毎回何をしているのか、細かく聞いて回っているようでした。

そのような一連の姿はまるで「自分ではない『愛される誰か』」に必死で彼女がなろうとしていることを私に連想させました。でも、そんなことはできません。実際に彼女の遊びは一見それらしい形にはなるものの、いつも途中で「何か違う…」というどことなく白けた感じが見え始め、最終的には苦笑いを浮かべながらなかば強制的にその遊びを終えるというのがパターンでした。

「他の子たちのように目の前のおとなとうまくやっていきたい。でも、どうしたらいいのかよく分からない」。そうした葛藤の中で、小春が苦労の末に見出した幾分なりとも安全な方法、それこそが他の子どもとおとなのやりとりをそのままトレースするというやり方、すなわち「誰かのまねをして過ごすこと」や「誰かと同じものを自分も与えてもらおうとすること」だったのではないか。セラピーの中で得られたこうした理解をもとに私たちは再度ミーティングを行い、「小春が求めてやまないものとは、物そのものではなく、物を特別に与えられるときの前提になるような『良い関係性』、すなわち排他的な愛情を向けてくれるおとなの存在の方なのではないか」という考えを改めて職員間で共有しました。そのうえで、「どうしたら今の『小春にねだられて仕方なく分け与える』という形から、本来の『愛情を込めて贈る』という形に、少しずつでも近づけていけるのだろう?」「同じ『与える』にしても、あとプラスアルファで何があれば、もっと彼女の心の栄養になっていくのだろう?」ということを検討しました。しかし、「ではそのために、具体的にまず誰が何をするのか」という話題になったとたん、なかなか良いアイデアが出てこず、引き続き職員全員でこのことを考えていく流れになりました。

これ、「うちの鍋」やねん

そんな折、小春は不意にプレイルームの玩具棚に並んでいる陶器製の食器のミニチュアの中から小さめのお鍋を取り出し、「これ、『うちの鍋』やねん」と言いました。彼女が「うちの鍋」と言った鍋は、取っ手が割れてとれ、底にも複数のヒビが入っている、私が「もう捨てようかな…」と思っていたかなり年季の入ったものでした。もしかしたら見るからにボロボロなので「これならもらえるかも」と思い発した言葉だったのかもしれません。でも、そのときの私にはまったく違うように響きました。「したたかな行動の裏で小春が人知れず抱えていた『ゴミのように価値のない、愛されない自分』という自己イメージを目の前の壊れた鍋になぞらえる形で見事に表現してみせている！」「しかも、底こそ抜けてはいないものの、もし水を注げばポタポタと漏れ出してまたすぐ空っぽになってしまう、与えても与えても満たされない、溜まらない、まさしく今の彼女の姿そのものじゃないか！」そのように思った私は、この表現に強く惹かれるものを感じました。

そうした私の心の動きを敏感に感じ取ったのか、それ以降、小春はセラピーにやってくるたび、必ずそのお鍋を最初に取り出すようになりました。さらにそこから、分けて棚に置かれているたくさんのお鍋の蓋の中から対になっているものを探すという遊びを新たに展開させました。その様子を見ながら私は文字通り「破れ鍋に綴じ蓋（破れ鍋にもふさわしい蓋があるように、どんな人にもぴったり合う相手があること）」ということわざを思い浮かべていました。

お鍋とたくさんある蓋を一つひとつ丁寧に合わせていき、時間をかけてぴったりくるものを探り当てようとする小春。途中、「もしかしたらこれかな…？」と感じる疑わしいものはいくつか出てくるのですが、「これだ！」という決定的なものが見つかることは一度もありませんでした。

その姿は、小春が自分のニードにフィットするものをなかなか得られないもどかしさを感じていること、すなわち、いまひとつ私が彼女の役に立てていないことをも連想させるものであり、私は申し訳なさを感じましたが、毎回同じことを繰り返す彼女の姿に、少しずつ退屈さを覚えるようになっていきました。

「もうせんでもええねん」

そんなある日、もはやなかばルーティーンのようになっていたピタッとくるお鍋の蓋探しを一度もしない心理療法の回がありました。気になった私がどうしたのか尋ねると、彼女は笑顔で「もうせんでもええねん」と言いました。その答えにものすごく驚いた私は、すぐに担当で入所当時からずっと小春のことをみてくださっているベテラン保育士の夏子さんのもとへ飛んでいき、「今日のセラピーで、小春ちゃんがいつものピタッとくるお鍋の蓋探しをしなかったんです。それで、どうしたのって聞いてみたら、『もうせんでもええねん』って！　しかも笑顔で!!　一体、どんな魔法を彼女にかけられたんですか!?」と尋ねました。

私の勢いがあまりにすごくて滑稽に見えたのでしょう、夏子さんは最初、「そんな別になんもしてないけどなぁ（笑）」と大笑いされていたのですが、そこからわざわざ仕事の手を止めて、「う〜ん…」と最近の様子について思い返し、「あ、そういえば最近、小春が自分でタンスに大切そうにしまう洋服というのが初めてできたんだよね」と教えてくれました。これまでいろんな物を与えられても、与えられた瞬間にゴミになって、適当に部屋に放置するということを繰り返してきた小春に、大切そうにタンスにしまう服ができたなんて！　そう思うとすごく興味が湧いてきて、どのような服なのかということを私は詳しく聞きました。夏子さんによると、それは黄色のかわいいフリルのついたワンピースだと言います。私が「どうしてそれがそんなにも彼女にとって大切なものになったんでしょう？　そんなにいい服だったんですか？」と尋ねると、夏子さんは「いやいや、いただきものなんだけどね（笑）」と答えられ、最初は半信半疑といった感じでしたが、しばらく話しているうちに「もしかしたら…」と次のようなことを語ってくれました。

「もしかしたら、渡し方がいつもとちょっと違っていたのかもしれない。実は前から、テレビのＣＭに出てくる子役が着ている服で、小春が『うちもこんなん欲しい！』って、そのＣＭの流れるたびに言っていた服があってね。この間もらったいただきものの中にちょうどそれとよく似た感じのものがあって。しかも色も彼女の大好きな黄色で！　サイズは今の小春からするとちょっと大きめだったけれど、最近ようやく身体が大きくなってきたからね。まだまだちっちゃいけれど、もっと大きくなあれ！って、そんなメッセージもこめてね。ま、いっかって（笑）。あと生地ね、彼女は本当に肌が弱くて、すぐに荒れて痛々しい感じになっちゃうから絶対に綿１００パーセントじゃないとダメなんだけど、見てみたらこれも上手いことバッチリ綿１００パーセントで！　もうこれしかないって感じでしょ（笑）。で、思わずうれしくなって、すぐに小春のところに持っていって。今言ったようなことを全部彼女に話しながら渡したの。思いつくこととといったら、それくらいかなぁ…」。

「愛情」の内実

夏子さんが小春にかけた言葉に含まれていた、よく覚えてくれていること、よく知ってくれていること、成長を喜んでくれること、期待を寄せてくれること、気遣ってくれること、これらはすべて、一般的に「愛情」と言われるものの内実を成しているものであるように思います。さらには、こうした関わりを自然体で行っておられたというのも、大事な要素であったのだろうと思われました。かつて職員と個別に過ごす時間を提供されてもうまくそれを使うことができなかったように、自分自身について「決して愛情を傾けられることなどない、いつ捨てられても不思議ではないゴミのような存在」だと感じている可能性の高い小春に、あまりにも特別さの際立つような関わりを提供することは、逆に戸惑いを生み、警戒心を高める結果になったかもしれません。そう思うと、日々の養育のうえにそっと乗せるような、そんなさりげない形での関わりだったからこそ、彼女もすんなり受け入れることができたという面もあるのではないでしょうか。

この出来事を境に、小春の「ずるい！」は少しずつ鳴りを潜めていきました。それと同時に、大切にできる物が一つ、また一つと増えていき、部屋の中もゴミ屋敷からそれなりに整頓された様子へと変わっていきました。心理療法の場面においても、以前に比べると自由にふるまえるようになりました。そして何より、長い間、彼女が身にまとっていた（彼女の内側からにじみ出ていた）ある種のみすぼらしさが、こうした一連の変化に伴って徐々に和らいでいったのでした。小春のかもし出すみすぼらしさが、「誰からも興味・関心を向けてもらえない、見向きもしてもらえない」という、まさしく「壊れた鍋」のような彼女の自己イメージを体現するものであったとするならば、それが変わってきたということは、彼女の自己イメージがきっと少しずつでも好転しつつあることを示しているのでしょう。さらに驚きだったのは、もはやホルモン治療は避けられないと専門医から言われていた彼女の身体がみるみる大きくなり、一般的に小柄な女の子と言われる範疇に入るぐらいまで成長したことでした。

小春が教えてくれたこと

私たちは、小春との出会いを通して、日々の「養育」というものを形作っている一つひとつの行動に、「皆と同じものを同じように与える」というような決まりきった関わり方とは異なる、もっとオーダーメイドなもの、すなわち、その子に焦点の合った、「他ならぬあなたにだから、このようにした」という個別な想いをそっと乗せていくことが大切であることを学びました。

しかし、誤解のないように付け加えたいのですが、たった一度の関わりが、小春の中に愛される自分像を奇跡的に育んだのだというふうには私たちは考えてはいません。小春の「ずるい」攻撃に悩まされている間も、職員は一日も欠かさず、毎日彼女の身の回りのお世話をし続けていました。いくらケンカしても、決して好き嫌いの少ないほうではない彼女のために盛り付けるおかずの量を細やかに調整したり、肌が弱く、すぐ血だらけになってしまうシーツをこまめに洗濯し、清潔なお布団の中で心地よく眠りにつけるような配慮を続けていました。そして何より、「小春が本当に求めているものとは一体何だろう」ということをずっと考え続けていました。

黄色いワンピースをめぐるやりとりというのは、それ単発のインパクトというのもさることながら、そうした日々の記録にはなかなか残されることのない一連の下積みの中で、むくむくと大きくなりつつあった（無意識的な）「大切にされている感覚」に、「もしかしたら、自分は大切にされているのではないか!?」という（意識的な）気づきが伴った、言い換えれば、つながった瞬間だったと言えるのではないでしょうか。

同僚はこう見ています

素敵な（？）言い合い

ホーム職員のリーダー

私が小春を担当したのは彼女が小学校低学年のときでした。当時のホームには、高齢児を中心に荒れた生活を送っている子どもたちが複数いて、私はそちらの対応に日々追われていました。そのため、小春を含む年少児とゆっくり関わる時間をなかなか持てず、非常にもどかしい気持ちでいたことをよく覚えています。

小春にまつわるエピソードで、私がもっとも印象に残っているのは、高齢児に時間を取られ、彼女とゆっくり関わる時間がなかなか持てないでいたにもかかわらず、彼女が私をお出かけのときの同行相手としていつも指名してくることでした。当時はそれがとても不思議でした。

郁雄さんの文章にもよく表れていますが、小春はとっても弁の立つ子どもで、自らの主張をまるでマシンガンのように早口でワーッと言いまくっていました。とくに、曲がったことが大嫌いな小春は、職員に対しても子どもに対しても、何か自分が「間違っている」と感じるような場面に遭遇すると、それがたとえ些細《ささい》なことでも「これでもか！」というほど徹底的に早口で攻め立てました。その破壊力たるや凄《すさ》まじいものがあり、子どもはもちろんおとなでも、

「関わるのが難しい」と半分お手上げ状態になってしまうようなことがありました。

小さなことでも何かミスをすると早口で一気に攻め立ててくる小春に対し、私はあえて真正面から同じように自分も早口になって（なかば屁理屈のような主張を）言い返すというやり方をよくやっていました。なぜそのような方法をとったのか、正直分からないですが、この子に限らず、「どうしたらやりとりをこの子と楽しめるだろう」というのを私はいつも考えていました。実際にこのような言い合いがある程度続くと、固く、目の吊り上がっていた小春の表情が、不思議とゆるんでくるような感じがあって、最終的には「もう！」という一言だけ残し、彼女はその場を立ち去りながらも、怒りを収めていることが多かったように思います。

小春とやりとりをしていると、「勝ち」と「負け」の二つしかない席取りゲームをしているような気持ちになることがありました。相手を言い負かし、自らの正しさを証明する、すなわち「勝ち」の側に居続けることで、惨めな自分と向き合うのをなんとか避けようとしているような、そんな必死な彼女の姿が何となく思い描かれました。事例の中で取り上げられている一連の「ずるい！」発言も、もしかしたら「与えられている人」を見ると自然に対比が働き、「与えられていない自分」というポジションに置かれて、自動的に「負け」を体験することから来ていたものなのかもしれません。もしそうだとしたら、私とのやりとりは「勝敗がつかない」というところで、「相手を負かし、自らの正しさを証明する」ことで自分の価値を確かめながら生きていくという彼女なりのやり方に、一石を投じるものになった可能性があります。

誰かを言い負かすと刹那的な優越感は得られるかもしれませんが、得てして後味は悪いものです。「誰かを傷つけた」という罪悪感や、「やり返してくるのではないか」という恐怖感を拭うために、また自分の正しさを主張しなくてはいけなくなる（理屈で武装しないといけなくなる）という悪循環も生じがちです。そういう連鎖から少し離れたところでより安心してやりとりができるようになる、そんな彼女の体験の一部を当時の自分がもし担えていたなら、担当としてこんなにうれしいことはありません。

スーパーバイザーが考えたこと

小春はカンファレンスに提出された子どもではありません。したがって私がここで述べることは郁雄さんの文章を読んで考えたことです。

私が一番驚いたのは、（お鍋の蓋探しについて）「もうせんでもええねん」と小春が言ったことです。いや、もっと遡れば（取っ手が割れてとれ、底にも複数のヒビが入っている鍋を取り出して）「これ『うちの鍋』やねん」に行きつくのですが、よくまあこんなに自分の心情をプレイに映し込むものだということです。心理職ではない方の中には、解釈に「こじつけ」が過ぎる感じがしたり、逆に心理の興味深さに感激する方もおられるかもしれませんが、心理職の私でさえ「それって、できすぎじゃあ…」と言いたくなるような感じもあって、不思議なことが起きているわけです。人の心理は手にとってホントのところを確かめられませんから、「そうかもしれないが、そうじゃないかもしれないし、「そうじゃないかもしれないが、そうかもしれない」わけですが、目の前の事実は事実ですから大切に扱うことになります。

小春は自分にピタッとくるものを探して、そして探し当てたようですが、ピタッとくるというのは、少し飛躍させて考えると、生きていていいよという環境から自分に送られるサインみたいなものでしょうか。それがないのが「ピタッとこない」というのだとしたら、それは少しでも「ピタッときた」ことを経験していなければ探し当てられないことになるのかもしれません。そういったピタッときた体験がかつてあったとしたら、それはお母さんといたときのものでしょうか。

また、小春が「ピタッときた」ことを境に「ずるい」と言うことなどもなくなったのだとしたら、「ずるい」というのはメンバーの一人として入れてもらっていない物足りなさの表現で、「ピタッときた」というのは他の誰でもなく私は私だという感覚を手に入れたということなのでしょうか。

さて、「ピタッときた」のは小春の中だけで起きていたわけではないようです。心理職の郁雄さんとケアワーカーの夏子さんの間でもピタッときたし、それを受けて二人のそれぞれの中でも小春についての理解に関してピタッときたようです。心理職とケアワーカーが一緒に仕事をしていく醍醐味みたいなものの一つが、郁雄さんの高揚した感じと、夏子さんの「もしかしたら…」という思い出しに表れているように思いました。

編集委員ディスカッション❹

～気持ちを込めて贈る～

親の顔が財布に見える

❖哲夫さんは「物を贈られる」ことにこだわっていたわけです。「贈るために物を買う」ということは当然そこに費用が発生しているわけだけれど、子どもがそのことが分からないままでおとなになることをとても危惧するんです。ある中学生の兄弟の親は「来年になったら家に引き取る」と子どもたちに言いながら、ずっと放ったらかしにしてたのですが、その代償なのかポケモンのカードやゲームボーイのカセットなんかをよく送ってきていました。兄弟の部屋はそんな物であふれかえり、またその物によって兄弟が周りからまつり上げられるような構図ができてしまったのです。

❖その兄弟の親みたいに、物を与えておいたらとりあえず自分の子どもへの気まずい思いに蓋ができる感じがするのでしょうか。

❖「こんなことくらいしかできないしね」というのが、その親の口癖でした。

❖「物を贈り過ぎている」ように見えるケースで、「この子は親の顔が財布に見えてるんじゃなかろうか？」と思うときがあります。親子間の愛情とかはほとんどそこには通ってなくて、ただ単に「いいように使っている」「利用している」という関係になっているように見えてきて、「これってあんまりよくないな」と感じてストップさせたくなります。

「物を与えないでください」でいいのか

❖そんなふうに思ってしまうのには、「物で釣る」みたいな軽薄なイメージに引っ張られ過ぎている部分ってないでしょうか。そしてそのイメージが「物をあげていないとつながれないような浅い関係性＝親子関係には相応しくない」のような連想につながっていって、だから「物をあげるのはよくない、望ましくない」というふうになるんじゃないかと思います。援助交際やパパ活などのイメージもそこに一役かっているような気がします。以前、たくさん物をもらう子がいたときに、もらえない子たちがかわいそうだからと「物を与えてももらってはいけない」という風潮が職員集団の中にできて、それが今も引き続いているところがあると思います。今思うと、一番肝心な「親がなぜ、その子に物を与えているか」というところまで考えが及んでいなかったんですね。このようにいろんな角度から贈り物をネガティブに見るフィルターがかかって、本来の「物を贈る」という行為にこめられたものや見ないといけないところが見えなくなってしまっている場合があるんじゃないでしょうか。「ものを与えること＝よくないこと」みたいに紋切型の考えに染まってしまうと、それこそマニュアル志向、ある種の思考停止状態になってしまいますよね。そこのところを考え直すきっかけにこの貴史のカンファレンスがなったように思います。

❖確かに子どもによって格差が生じることについて職員はそれを抑制するように動きますよね。もちろんかわいそうでもあるし、妬《ねた》みがトラブルの元にもなるし。それは分かる。

❖「もらえない子どもの惨めさ」のほうに強くフォーカスした結果、本来「もらえる子」の親御さんに「物を与えないでください」と働きかけるのは、はたしてそれで本当にいいのだろうかとずっと疑問に思っていたんです。

❖貴史の親に「物を与えないでください」と伝えましたよね。そうしたら今度は施設の同部屋の子どもにみんな買ってくるようになりました。それも親としての解決策だったのですが、「そうくるか」とびっくりしました。でもそれで落ち着くのかと思ってたのですが、他の部屋の子どもたちから妬みの声があがってきたり、図々しく「これ買ってきて」と頼む子が出てきたりしましたね。

❖若い職員は「今日は何が起こるだろうか…」と冷や冷やしながら毎日勤務に入ると思うんですよ。そしてその日に子どもへの贈り物があったりすると、それがトラブルに発展することを予測してストレスが高まります。贈り物って子ども同士の妬みの感情をとてもかき立てるし、その部屋全員がそれに刺激されてソワソワ、イライラし始めたりしますよね。施設の中では結構「劇薬」です。

親と子どものズレ

❖「物をもらうこと」をめぐって、親の意図や想いと子にとってのそれが全然違うということがあるんじゃないでしょうか。親の想いを職員が代弁しても子どもにはなかなか伝わらなくて、哲夫さんはそこのところで苦労してたんですね。そのズレが大きくなければ、そこまで「物をあげないでください」とはならなかったような気がします。

❖親のいろんな気持ちの乗った物が、もらった次の日にはそこらへんに放置されているのを見たりすると、カチンときて穏やかではいられませんよね。私もそんな場面に出くわしたら絶対に子どもを怒りますよ。怒りたくないから予防的にあまり物を与えないようにしているのかもしれませんが。

❖「ちゃんと感謝はしてほしい」と親の立場からは思うけれど、子どもが同じように思えるかどうかは疑問の残るところだし、「感謝しろ」ともあまり言いたくない気持ちも親にはありますよね。

どのように贈るか

❖私は料理が特段上手とかではないのですが、子どもと一緒に料理を作るときに「こうしたほうが美味しくなる」とか、そういうプラスアルファのひと言やひと手間を加えるんです。そうすると子どもたちはそこに素直に反応してくれて、「美味しい」とか「先生の作る○○は美味しい」みたいなイメージを持つみたいです。この間も、朝食がフレンチトーストになっていたその前日に、スマートフォンで「フレンチトーストの美味しい焼き方」を子どもたちと一緒に調べて「明日これ作ろうな」と言ったら、翌朝、子どもたちがとびきり早い時刻に起きてきたりしたんです。そういう「演出」、つまり「何を贈るかよりも、どう贈るか」が大事なんじゃないでしょうか。それによって伝わるものが変わってくるような気がします。親からの贈り物についても、職員は仲介役・媒介役として機能できるんじゃないでしょうか。親の思いを職員が言葉にして伝え続けることによって子どもの中でその物の価値が徐々に変わってきて、大切にするようになってくることは十分あり得ると思うんですね。小春の物語でもそれと同じようなことが起こっているような気がします。職員の「言葉」があって初めて、黄色いワンピースという「物」が小春にとって特別になっていったという流れが見て取れます。この「言葉」がなくてただワンピースだけが届いたとしても、それは他の多くの物の中に埋もれていったかもしれません。

❖考えてみれば母子関係においても「食べ物」や「おむつ（替）」などの「物」を介して愛情を伝えていったはずで、子育てでは何かを「贈る」ということはある意味つきもの、もっと言えば養育という営みの大切な一側面なのではないかとも思えてきます。大切なことは、「きちんと心の栄養になってもらうためには、どのような贈り方をすればいいのだろう？」という視点で、「何を贈るか」よりも「どのように贈るか」を考え続けることなのだろうと思いますね。

食べることについて

❖いくら食事を気持ちを込めて作ったとしても、子どもが帰ったときにそれがポンとテーブルの上に置いてあって冷めきっている、職員は別のことをしているとかいう状況では、気持ちが伝わるのは難しいところがありますよね。たとえコンビニ弁当でも子どもが帰ってきたタイミングに合わせて温め、そこに一緒に座って「今日どうだった？」と話すことで伝わるものがあると思います。料理についてはできあがったもの、つまり「結果」だけじゃなくて、途中の匂いや作っている人の表情や姿を五感を通じて感じるような「経過」、何気ないひと手間や演出がその「結果」に特別な意味を与えるように思います。でもこういう物に込められている気持ちは、そのつど言語化しないとおとなでも忘れてしまうように思うんですよね。

❖逆にそれくらいのほうがいいのかもしれませんね。いつもありがたがっているのって、それはそれで何かすごく変な感じがします。気を遣い過ぎていて子どもらしくない感じがするし、何かのきっかけでふと気づくくらいがちょうどいいのかもしれませんけどね。

媒介者やいろんな物の存在

❖物の背景にあるものについて感じ取れる感受性というのは、もともとあるものばかりじゃなくて、「育てられる感受性」というのもあるんじゃないでしょうか。物をもらったときは物珍しさから大切にしていたけれど、飽きてきてその辺に放置したら「なんでこんなところに置いとくんだ、大切なものを！」と叱られ、「そう言われたらそうだ」とハッと気づく体験なんて、とても大切だと思うんですよ。そういうことで育てられる感性、そんなふうに叱ってくれる人をもっているその子の生活の豊かさもあるんじゃないでしょうか。それから、これは第3章の第1節に出てくる話ですが、家具の量販店にみんなで行って選んで買った家具を組み立てましたよね。それらの家具の背景にあるものがすごくて、その意味をその後もみんなが大切にしているんです。親との間の贈り物の話だけではなく、このテーマは毎日の物に囲まれている環境自体に、育てるものがたくさんあることを照らし出してくれますね。

❖家具を一緒に買いに行ったメンバーはもう全員退所しています。そうなるとその家具の使い方が雑になってくるんですね。込められた想いは伝えないといけないんでしょう。ただ、小春の事例にも書かれていますが、「他ならぬ自分のために」という意味がないと大切なものにはなりにくいし、色あせた古いイスはただのがらくたになってしまいます。そこにいくらおとなが押しつけがましく意味を説いても伝わりにくいのだと思いますが、少なくともおとなにとってどういうものなのかではなく、その子にとってどういうものなのかというつながりを言葉にしてあげられる努力が要るように思います。

❖一般家庭では周りはそういう物だらけですものね。何のときにこれを買った、それを与えられてあなたの反応はこうだった、それでどんなふうに遊んだとか、そういうたくさんの思い出が一つひとつの物に含み込まれていて、折に触れてそういう話を一緒にしたりするわけです。施設にいるとそういう要素がどうしても少なくってしまいます。家具を選び組み立てた先輩たちも自分の知らない人たちです。長く施設にいる職員と子どもとの間ではそういう思い出を共有することがまだあり得ますが、それでも家庭みたいに全部が全部っていうわけにはなかなかいきません。

チームアプローチ

❖貴史と小春の事例は「チームアプローチ」というテーマを扱っているようにも見えます。とくに小春の事例ではセラピーの中身が中心に描かれていますが、セラピーとはどういうものなのか、その中身はどう生活と連動して動くものなのか、また施設の日常生活の場においてどう機能するのかなどが、とても分かりやすく示されているように思います。もっと踏み込んで言うと、子どもと関わっているときに生じるモヤモヤとした「なんなんだ、これ?」という感覚が、チームのいろんな職員の中を通ることでどんどん濾過《ろか》されクリアになっていって、「ああ、こういうことなのかな」と輪郭が見えてくるような感じがしたんですよ。言葉にできないものがチームの力を借りてどんどん言葉になっていく過程というか、まさに「チーム養育」の本質が捉えられているように思いました。

第3章

日々の暮らしを支えています

——「周りの人たち」の眼差し

一人ひとりの子どもたちは、自分の担当者や担当チームだけに育てられているのではありません。鹿深の家は施設全体が一つのチームになって子どもたちを支え、育てています。もちろん、その施設を支える地域の人たちや機関もそこに参加したり見守ってくださったりしているわけです。ここでは、子どもと担当チームを支える施設内の人たち、すなわち「周りの人たち」が、子どもの育ちがより豊かなものになるために何を大切にしているのか、その志を語ります。

この章について

以前、施設全体を大きく揺るがすほど、凄《すさ》まじい荒れ方をしたお子さんがいました。事態は総力戦の様相を呈し、職員は大きく疲弊しましたが、児童相談所や警察、司法機関等の協力も得られたことで、少しずつ行動化は収まっていきました。

後日、担当の職員さんに「あの大変だった時期を乗り越えるのに、一番支えになったものとは何でしたか」という質問を投げかけてみました。その方は「あの子が吸って、施設内のそこいらじゅうにポイ捨てしたタバコの吸い殻を、ある時期からまったく見なくなったことです」と即答されました。出勤して駐車場からホームに行くまでの道すがら、タバコの吸い殻が何本も落ちていた頃は、それを目にするたび「誰も助けてはくれない…」という寂しさを感じて、本当にガクッと来ていたのだそうです。でも、タバコの吸い殻を見なくなってからは、同じ道のりなのに、「あぁ、誰かが一緒にあの子のことを見てくれているんだなぁ」とそんなふうに感じられて、「よし、今日もがんばろう！」と思えたというのです。

実はタバコの吸い殻の掃除をずっと続けておられたのは、ベテランの事務員さんと調理師さん、それに用務員さんでした。恥ずかしい話、私は「心理職である綱島さんに、折に触れて相談に乗ってもらっていたからです」と言ってもらえることをほんのちょっとだけ（ほんのちょっとだけですよ！）期待していたので、答えを聞いたときは本当に穴があったら入りたいくらい恥ずかしかったです。

他にも、職員の間で「施設創立以来の秀才」と呼ばれていたある努力家の女の子が、退所を目前に控えたある日、ホーム担当者への感謝を口にする一方で、「でも、担当だけだったら潰れていたかもしれない」と話すことがありました。彼女が言うには「担当の職員はあまりにも自分のことを知り過ぎている」と。「気持ちがいっぱいいっぱいになって、『もう全部イヤ！』ってなって、それでしないといけないことに全然手を付けられないでいたりすること、あるでしょ？　そんなとき、いくら担当の職員さんに表面的には笑顔で普通に『おかえりー』とか接してもらっても、『あぁ、（自分の状態に）気づいてるな』『話そうと思ってタイミングを窺《うかが》ってるな』とか、そういうことを思ってしまう。で、そうなるとこっちも『今はそんな話をできる状態じゃないんだ！』という雰囲気を前面に押し出さなくちゃいけなくなるから、それで余計に疲れちゃうんだよね。そんなとき、何も聞かずに『そうか、そうか。頑張ってるやん』って、そんなふうに話を聴いてくれる事務員さんや調理師さんの存在には本当に救われた。絶対にこの人たちは私が今考えたくないって思っていることに触れてこないっていう安心感があった。大事なことって、大事なんだけど、でもだからこそ考えるのにエネルギーがたくさん要ったりするわけでしょ。そんなふうに学校でも家でもずっと気を張り続けていたらきっと息が詰まってしまって、とっくの昔に私、潰れてしまってたんじゃないかな」。

往々にして子どもたちの成長というのは、その子どもと担当者という二者関係を中心にして描かれることが多いものです。しかしあたりまえのことですが、子どもにせよ、おとなにせよ、現実の私たちというのはもっとたくさんの人たちから直接的・間接的に影響を受けて大きくなってきたはずです。第2章で描いたような、最も近いところ、それこそ寝息の聞こえる距離からその育ちを見守ってくれている担当職員や、各分野の知識や技術に精通している有資格の専門家による関わりはもちろん大切なのですが、それだけで人は救われ生き延びていくわけでは決してないはずです。先程の二つのエピソードもそうですが、毎日の引き継ぎや記録にはあまりあがってこないような担当外の職員との日常の何気ないやりとりが実はその人を辛抱強く支えていた、育ちの契機となっていたという例は枚挙に暇がありません。

このように、鹿深の家での「ふつう」の子育て、さらにはそこに含まれているであろう子どもが健やかに育つための秘訣を論じるうえで、子どもと担当職員を取り巻く「周りの人たち」というのは欠かすことのできない存在です。本来であれば、こうした「周りの人たち」による関わりも含めた鹿深の家での子育ての全体像を余すことなく事例の中で描ききれたらよいのでしょうが、残念ながらそうしたことは私たちの力量をはるかに超えてしまっています。

そこで第3章では、第2章ではあまりスポットの当たらなかった「周りの人たち」、すなわち、ケアワーカー（保育士・児童指導員）以外の職種の方々に主に登場してもらい、日頃、施設の子どもやおとなたちにどのような眼差しを向け、何を大事にし、そしてどのような関わりを行っているかについて書いていただくことにしました。そこからさらに、「『ふつう』の子育てに含まれる、人が育つために大切なもの」とは何かということについて、考えを深めてみたいと思います。

1 子どもたちと生活する中で大切にしていること
～施設内スーパーバイズの重要性～

堺 稔（施設内スーパーバイザー）

「詫びる」「触れる」「しみる」

「虐待」という言葉をニュースや新聞等で見聞きすると、どこか自分たちの生きている現実とかけ離れた出来事のような気がすることもあるのではないでしょうか。しかし、虐待は間近にあります。子育ての日常にこんな場面はありませんか。時間に追われ、やらなければならないことがいくつもあるその真っただ中で、子ども同士のいざこざがあったりすると、ついカッとなって声を荒げてしまう…。こんな誰にでもあるような経験が蓄積しエスカレートすると、感情が抑えられずに子どもに手をあげてしまうことになります。子どもは委縮して表面的には反省しますが、それを子どもをおとなしくさせることができたと認識し、やがて支配被支配の関係が構築され常習化してしまいます。これが虐待につながる一つの流れです。

児童養護施設では、多くの被虐待経験を有する子どもたちが共に生活を送っています。彼らの特徴の一つとして、職員を試したり、経験した被虐待を再現するかのように職員を巻き込もうとすることがあります。実際に職員の多くはその再現性に巻き込まれがちです。私が自立支援課長という子どもたちを直接処遇する立場からはフリーな位置にいることで大切にしていることは、起きていることを俯瞰《ふかん》的にとらえ、職員に一歩立ち止まって考えられるヒントや気づきを与えることです。つまり、生活の中にこの「ちょっと待った」を投入できることが児童養護施設の強みです。

この強みを活かすうえで私が大切にしていることがあります。それは私が入職3年目の2005年の春、当時の武部武義施設長から授けられた「子どもの心に『詫《わ》びる』『触れる』『しみる』を常に心がけなさい」という言葉です。当時の私には子どもの心に「触れる」「しみる」は何となく理解できるものの、子どもに「詫びる」とは「謝罪すること⁉」と捉え、「なぜ子どもに謝らなくてはならないのか？　そんなことをしていると、子どもにナメられてしまうのではないか」と、真意をつかめないまま悶々《もんもん》としたことを覚えています。当時の現場は「子どもにナメられては職員失格」というような家父長制的思考が根強く、「詫びる」などとんでもない考えでした。この「詫びる」ことの重要性に気づくことができたのは、それから約10年が経過したある子どもたちとのやりとりの中ででした。

子どもと向き合うとは　～子どもの目線に立つこと～

２０１４年頃の当施設の男子児童たちは、俗にいう「荒れた子どもたち」でした。触法行為が常習化し、正に無法地帯化し、ホーム内を土足で移動し、飲酒、喫煙、窃盗、深夜の無断外出が日常的に行われ、職員との接触を避けるべく、部屋には無数の南京錠がかけられ、糞尿《ふんにょう》もペットボトルやその他の容器に済ませて放置していました。職員はそんな子どもたちの後追い対応や清掃作業ばかりとなり、疲弊し元気を失い、子どもたちの顔を見ることも避けたくなるような思いに駆られていきました。子どもたちも「おとなは敵だ」と一致団結し、やがて子ども対職員の構図が確固となり、終息の兆しの見えない日々が続いていました。子どもたちの中心となるグループの意向が子どもたち全体の判断基準となり、まだ幼かった子どもたちもその中に巻き込まれていきました。

そういった状況を打破すべく、２０１６年度、職員体制が変更され、私はその立て直しチームのリーダーを一任されました。とは言うものの、荒れ果てたホームの状況を一変できるような魔法の方策を持っているはずもなく、またそれまでの子どもたちの好き勝手な言動に対して許しがたいという否定的かつ感情的な思いが、まだ自分の中に渦巻いていたことを覚えています。

そこで、まずはなぜこのような状態になったのかを落ち着いてアセスメントすることにしました。その中でクローズアップされてきたのが「子どもに詫びる」という視点でした。なぜここまでの絶対的な敵対関係までに転じてしまったのか？　職員目線ではなく子どもの立場になって考えてみると、今までは見えなかったものが見えてきました。それは子どもたちの恐怖心やおとなへの不信感が根底にあるのではないかということでした。子どもたちは初めから集団化していたのではありませんでした。職員集団が一部の子どもたちの過激な行動を止めてそれ以外の子どもたちを守ることが必要だったのにそれができず、子どもたちは強い側に回らざるを得なかったのです。また牛耳《ぎゅうじ》っていた子どもたちも、過去2年間に処遇困難を理由に他施設へ措置変更される数名の仲間を見ていたので、「次は自分だ」という恐怖心に突き動かされていた可能性を考えました。

そこで、新体制発表後、まず私が行ったことは子どもたちへの謝罪でした。これは当時の子どもたちから後に聞いたことですが、職員体制の変更を知った子どもたちで話し合われていたのは、ますますの徹底した抵抗だったそうです。しかし、職員のとった行動は謝罪でした。子どもたちは意表を突かれた状況だったようです。私たち職員は子どもたちに対して、「本来、子どもたちの安心、安全を守り、自立するまで見届けるはずの職員が、安心、安全な生活を保障できずに申し訳なかった。これからは、必ず、社会に自立するまできちんと見届けようと思う」といった内容の言葉を伝えたことを記憶しています。

この謝罪を経て子どもたちに提案したのは、暮らしの改善でした。それまでに荒らされたホームの姿は見るも無残で、部屋のあちこちに穴が開き、壁には大量の汚れ（子どもたちが暴れて生ごみや調味料をぶつけた跡）が付着し、職員の入室を拒み続けた居室の扉には無数の南京錠が取り付けられていました。私は、「あなたたちの生活を壊そうとはまったく思っていない。だけど、これから新しく共に生活していこうとしている中で、このような環境のもとでは気持ちがそがれる。ホームのリフォームをしていこうと思う。手伝ってくれとは言わないが理解はしてほしい。もしもそのことを理解し賛同してくれるのであれば、この職員との断絶を連想させる南京錠のすべてを外して持って来てほしい」と子どもたちに訴えかけました。すると、子どもたちはそう話した当日に大量の南京錠を持参してくれました。

家具に込められたメッセージ

この日から、暮らしの改善を目標に大規模なリフォームが始まりました。職員間の共通のルールとして、業者には委託せず、すべて自分たちの手で直そうと決めました。当時流行っていたＤＩＹ

のテレビ番組などを参考に、壊れた壁の修繕からホーム中のクロスの張り替えまで、すべて手作業で行いました。はじめは、手伝うことはおろかその場に顔も見せなかった子どもたちも、職員が和気藹々《あいあい》と談笑も交え、また「この壁はこうしたほうがいい」などのアイデアを話しながら作業をしていると、いつの日からかその場にまじり、時には一緒に作業を行っていました。

改修にも目途がついて来た頃、子どもたちを誘って県外にある大型輸入家具店に出かけました。職員から子どもたちに、「これまでは鹿深の家の中で一番汚く壊れたホームだったけど、これからは鹿深の家の中で一番自慢できるホームにしよう。そのテーマに沿った家具を購入しよう」と伝え、子どもたちと話し合いながら必要な家具を購入しました。

今でも忘れられないその日の一場面があります。帰宅してから、職員は遠方に出かけたこともあり疲れていましたが、子どもたちは率先して家具を組み立て、できあがった家具をうれしそうに試し使いしていました。このときに新調された家具は今でも大切に使用されており、当時を経験した子どもは、新しく入ってきた子どもたちに、「この椅子は大事な椅子やからな」と説明し、受け継がれています。

やがて当時の子どもたちの多くは退所していきました。退所を目前にしたある一人の子どもが、「今まではホームに職員はいなかった。今はこのホームでよかったなと思う」と語った言葉に、子どもたちの本音がたくさん詰まっていたように感じます。当然、言葉通りに職員が不在だったわけではなく、「話せる職員」が誰もいなかったということです。対立構造には対話は存在しません。同じ目線で同じ方向を子どもと向くことが重要であり、子どもたちが求めていたことでした。

子どもたちからもらった大切なこと

新体制発表時は、それまで自分が担当していた子どもたちとの離別の感情や、荒れる結果になった該当ホーム職員を人ごとのように批判する気持ち、自分が新しくその最前線に立つことへの抵抗感など、さまざまな整理しがたい気持ちでいっぱいでした。しかし、彼らとの生活を通して、担当でなければ決して学ぶことのできないかけがえのない大切なことを得ることができました。

今、私は施設内のスーパーバイズを行う立場として、彼らから学んだこと（子どもの心に詫びる、触れる、染みる）を大切に、起きている事象を俯瞰的に見ることを心がけています。前述したように、被虐待経験のある子どもたちとの生活では、職員も当然のようにその渦中に巻き込まれていきます。そこでふと立ち止まり、表面に見えている事象のみにとらわれず、子どもの気持ちや立場になり、なぜこの子はこのような言動を繰り返すのか？　この子は何が言いたいのか？　…それらの視点を大切に、渦中で奮闘している職員の新たな気づきを促し続けていきたいと思っています。

2 子どものために親にアプローチする

～施設職員にできること～

石田一樹（家庭支援専門相談員）

家庭支援専門相談員

家庭支援専門相談員（Family Social Worker, FSW）の役割とは、児童相談所との緊密な連携のもと、入所児童の早期家庭復帰、里親委託等を目的として相談・指導を行うことです。児童養護施設では専任者がいる場合もありますが、鹿深の家ではケアワーカーとして自分が担当しているユニット内の保護者支援を統括するという形をとっています。私自身もユニットリーダーとして保護者支援を統括してきた経験がありますが、正直苦手としていました。相手の心情や立場を慮《おもんぱか》り、程よい距離感で人間関係を作っていくこと自体、自分が苦手としているからです。しかし、苦手なりに鹿深の家に勤めながら実感したことはあります。

達也くんの場合

たとえば、達也くんはきょうだいが親宅にいるのに自分だけが施設で生活をしていることを〝自分は期待されていないから〟だと思い込んでいました。そのため、親と向き合うことは「やっても無駄」とさえ口にしていました。しかし、達也くんが成長していく中で自らが親に対して話をしたいと向き合えるようになっていきます。

達也くんが親と話す場に私も立ち会いました。達也くんは自分が親にしてほしいことや、これまで親に対して思ってきたことを語ったのですが、それに対して親から達也くんに語られたことは「そんなこと思っていたのか。それだけ話ができるほど大きくなったんだな」という言葉でした。達也くんは否定されることも怒られることもなかったことに驚いていましたし、私も驚きました。達也くんに思いを語らせたほうがいいと思う一方、このことで親子関係が完全に断裂してしまわないかと不安にも思っていたからです。最後には達也くんに対して「できることは協力したい」と言ってくださいました。それからの達也くんの様子は目に見えて変わり、善悪の判断を自分でつけながら学校生活・アルバイト・部活もやり遂げ、希望する進路を実現していきました。

そこで私は親の存在の大きさをとても感じました。親に自分のことを認めてもらうことは子どもにとって大きな意味を持つのです。そして、親子の橋渡し役として、少しでも協力できるのがこの仕事なのです。

達也くんの事例から感じたこと

達也くんの立場だけに立つと、どうしてなんだと腹立たしくなる思いもありましたが、子どもの成長を認めた言葉を聞けたことで、私は初めて親御さん自身はどういう人生を歩んでこられたのだろうと考えました。子どもを施設に入所させることをどう感じてこられたのだろう、そうせざるを得ない事情があり、さまざまな感情があるのだろうな、と。

実は私は小さい頃から親の喧嘩ばかりを見てきて、とても悲しい思いでいました。子どもを悲しませるようなことをするくらいなら自分を産んでほしくなかったとさえ思ってきました。そうした歴史があり、子どものためにできる仕事をしたいと思うようになったのです。しかし、達也くんのことがあってから、喧嘩をしてきた両親はどういう歴史をたどってきたのだろう、どういうことを体験して今の姿があるのだろうと考えるようにもなりました。だからといって抱いてきた感情を消化して赦《ゆる》せるものではありませんが、親自身も喧嘩をしたくてしてきた訳ではないのだろうという理解はできるようになりました。

ＦＳＷとして、施設職員として

私はテレビで観る温かい家庭のイメージと、私自身の育ちを比べてきました。現実は必ずしも皆が横一線ではないと分かりながらも理解はしきれず、施設で出会った子どもたちの感情に必要以上に共感してしまっていた部分もあるかもしれません。ですが、私がこれまで経験してきたことや、子どもたちの姿を見てきたことにより、施設職員という立場だからこそ、子どもの側の気持ちと親の気持ちを考えることができるのだと分かってきました。今の私がこうした経験を経たからといって上手にできる訳ではないのですが、双方の視点を持つように心がけています。

初めは親にも事情があり、自分が悪かったから施設入所に至ったのではないかと考える子どもたちも、思春期に入り、友だち同士の状況が同じでないことに気づき始めます。職員としては、現実に直面させることは忍びない感情になってしまいます。どう伝えるとその子を傷つけないのか、どこまでの情報を伝えるべきか迷います。けれど、それを職員が避けてしまうと、子どもたちが抱いた疑問はやがておとな全体への怒りになっていきます。ここは辛くてもおとなも向き合っていかないといけない場面です。

しかし、ここで忘れてはいけないことは親の思いなのでしょう。我が子を施設に預けるに至ったことを心から望んでいたのでしょうか。親自身にも育ってきた環境があり、それぞれの経験を経てこられていいます。親子での理想とする暮らしがあったはずです。しかし、それを叶えきれない理由が、難しさが、しんどさがあるはずです。そういった親自身の願いや思い、辛さに思いを馳せることも職員だからできることであり、役割だと思います。

こうしたことを子どもたちと話すことで、その子どもが現状を理解し、少しでも納得できるきっかけになると、育ちが安定し、どのように親と向き合っていくのかを考える基盤が丈夫になっていくのだと感じています。

コラム❺ 職員インタビュー（1）

鹿深の家の職員に「あなたが思う『人が育つために大切なこと』を教えて」と尋ねました。以下に、それぞれの回答の要旨を列挙しました。

❖子どもに「失敗してもらうこと」の意義について考える。自分で考えて次の行動を選び取る体験がベースにないと育たない。（7年目の20代指導員）

❖たとえば「これまで苦労してきた子にさらに苦労を強いてはいけない」という側面はあったとしても、何がなんでもそうだという思い込みに捉われて、子どもを守り過ぎることになってはいけない。（5年目の50代調理師）

❖昔は子どもに「〇〇してあげなければ」という考えに捉われていたが、「力のまったくない子はいないし、そのことを信じたらいいんだ」と気づいて気持ちがとても楽になった。うまくいかなかったら惜しまず手助けし、うまくいったらものすごくほめてあげたらいい。（22年目の40代保育士）

❖「痛い目に遭って反省する」ことの繰り返しで指導員としてどうにか育ってきた。おとなも子どもも、励ましてくれる周りの人によって少しずつ自分に自信を貼り付けていけるように

思う。（10年目の30代指導員）

❖おとなも絶対じゃない。間違ったらきちんと謝ったらいい。それから職員が協力して子どもに「好きなもの」を見つけてあげたい。「好きなもの」がそれぞれ異なる職員がいることがありがたい。（10年目の30代保育士）

3 アセスメントをめぐって
～施設心理職として子どもたちに向ける眼差しの変遷～

綱島庸祐（心理療法担当職員）

変わらないものと変わったもの

児童養護施設の心理職として働き出してから早いもので十数年が経ちますが、目に見える仕事の内容自体は昔とそれほど変わっていないように思います。

数年前、同じく滋賀県の社会的養護の現場で働く仲間たちと、施設心理職の仕事についてなるべく分かりやすく紹介するための小冊子を作成し、そこに「自分たちが日頃していることは、①アセスメント、②養育者（生活担当職員）のサポート、③心理療法、④家族支援、⑤その他（性教育担当、研修担当、リワーク担当など）の5点に集約される」という旨のことを書きました（滋賀県児童入所施設協議会心理職部会 2017）。従事する時間の内訳に多少の移り変わりはあるにせよ、入職したての頃も、そして今も、私は基本的にこの五つの仕事をやり続けています。

かといって何も変わっていないかというとそういうわけでもなく、たとえばそれぞれの業務に関する考え方、中でも施設心理職として一番に求められる機能である「アセスメント」をめぐっては、この間に随分と考え方が変化したように思います。

「見守る」への違和感

入職したての頃、私は施設の会議や記録等で「見守る」という言葉が多用されていることに大きな違和感を覚えていました。「おとなたちが頭を悩ます、いわゆる子どもの『問題行動』に対しては、できる限り視野を広く持ちながら背景にあるものを想像し、そこからどんな経験を積み、どんな力をつけたらよいかをまずは考える。そのうえで、目標を達成するために誰がいつまでにどのような関わりを提供していくか、具体的に打ち合わせる。そうした一連の能動的な作業を、手応えを確かめながら繰り返していると、少しずつどんな子どもなのかということが明らかになってくる。それがアセスメントだ」と考えていたからです。そんな私にとって、「見守る」という言葉のもとにただただ様子見を決め込んでいるような受動的な態度は、支援者としてあるまじき行動、言うなれば「怠慢」なのではないかと感じられるものでした。

だから私は、先に挙げたようなアセスメントに必要な一通りの作業を、生活担当の職員さんたちがきちんと習得していけるように、たくさんの研修を企画・実施しました。担当する子どもたちそれぞれについて、「①目下の課題、②その背景にあるもの、③つけたほうが良い力／積んだほうが良い体験、④いつまでに誰がどのようにそれを提供するか」という4点を、どの職員もきちんと説明できるようになることが、施設としてのアセスメント力の向上につながるのだと信じて疑いませんでした。

「評価すること」への違和感

ところが、ダウン症のお子さんをお持ちのあるお母さんとの出会いを境に、私はその考えに違和感を抱くようになりました。学級懇談会で担任の先生から「もっとどのようになっていってもらいたいとか、お考えはありますか」と尋ねられたのに対し、そのお母さんは「この年になるまで大きな手術をいっぱいして、本当に何度も死にかけた子だったからね。本当に生きてくれているだけで二重丸・花丸だし、何か希望されることはありますかって言われても、この子が笑顔でい続けてくれたらいいなと思う以外に何も浮かばなくって（笑）」とさわやかに答えられたのでした。

このやりとりを私が目の当たりにしたのは、忘れもしない4月の中旬、施設職員にとって子ども全員分の「児童自立支援計画表」（地域によって多少呼び方は違うかもしれませんが、要するに向こう1年間、このお子さんにどのように関わっていきますという計画およびその背景にある見立ての内容を記したものです）を作成しないといけない忙しい時期でした。そうしたタイミングの重なりもあってか、私はふと、「施設の子どもたちは、このような『生きていてくれるだけで二重丸・花丸』という眼差しを、一体どのくらい経験できているのだろうか…」と心許なく感じました。「理由は違えど施設の子どもたちもまた、『何度も死にかけた子ども』であるはずなのに…」と。

同じ時期に、別の発達障害を抱えた入所児童の親御さんから、診断名がつくことをめぐってかなり葛藤しているというお話をうかがう機会がありました。「この子はこの子として生まれてきた、ただそれだけなのに、特定の診断、しかも『障害』というあたかも何かが欠けているかのような名前で呼ばれることについて、なんだか変だなぁって思うんですよね」というお母さんの思いに触れたとき、「まだ障害受容ができていないのだな」とか、そういう浅いレベルのことを当初想像していた私は、心底自分が恥ずかしくなりました。

ここに紹介したような親御さんの気持ちというのは、私たち施設職員にとって、忘れがちになりやすいものかもしれません。「医療受診をして発達障害の診断がつけば、障害者手帳をもらえて福祉のサービスにつないでいける可能性が出てくるし、薬も処方してもらえるかもしれない…」。そういうどちらかというと打算的な考えのほうが、より前景に来てしまうことが多いのではないでしょうか。

これには、「子どもと施設職員はお互いに他人同士である」ということが関係しているように思います。もちろん「他人であること」には、少し離れたところから客観的かつ冷静に物事を見ることができるという大きなメリットもあります（以前、ベテランの学校の先生に、一番勉強を教えるのが難しいのはどんなお子さんですかと尋ねた際、「自分の子ども。学校の生徒だったら分からなくても丁寧に教えてあげられるけれど、自分の子どもだったら『どうしてこんな問題も分からないの！』って感情的になっちゃう」と言われていたことを思い出します）。ただ、子どもたちにとって職員は確かに他人ではあるものの、施設自体は家庭と同じ生活の場です。このジレンマは私に大きな迷いをもたらしました。「生活の場である以上、施設も家庭と同様に、外で疲れた身体や心を癒せるような安心できる場所としてあるべきなのではないか？」「だとすると、課題（できていないところや苦手なところ）に注目するという姿勢が、共に暮らす職員の中にあまり色濃くなり過ぎると、子どもたちは息が詰まってしまうのではないか？」「もしそんなふうになってしまったら、子どもたちは一体どこで『あなたはただあなたでいるだけでいいのよ』という眼差しに触れたらよいのだろうか？」。そのようなことを考えていると、生活に評価的な要素、言い換えれば「アセスメント」という視点を持ち込むことについて、必ずしも正解とは言えないのではないかという気持ちになってくるのでした。

「そのままでいい」は無責任なのだろうか？

こうした私の気持ちのぐらつきは徐々に大きくなっていき、一時期、極端に言えば「アセスメントは不要なのではないか」と感じることすらありました。それよりも、もっと存在全体を肯定するような見方がまずは大切なのではないかと思うようになり、「このような過酷な人生を送りながら、ここまでできていること、この範囲に収まっていることはすごい」というような表現を多用するようになりました。こうした見方で子どもたちと関わっていると、彼ら・彼女らの持っている力に気づくことが増え、自然と敬意を抱くようになったり、「この子もこんなに頑張っているのだから自分も頑張ろう」と励まされたりするようになりました。さらに、これまでの生い立ちの中で体験した良い出会いや出来事にも目を向けやすくなるなど、個人的には大きな手応えを感じていました。

ところがある時期から、生活担当の職員との齟齬《そご》が気になるようになりました。もともと、暮らしを共にする形で最も近い所から子どもたちを見守り続けている生活担当職員は、施設の子たちが直面する自立の問題の厳しさを痛いくらいに感じています。子どもたちは早ければ18歳という若さで自立していかねばなりません。逆境体験を重ねていない子たちですら相当難しいようなことが、確実に後に控えているのです。そうした事実を思うと、まるで一刻の猶予もないような気持ちになってきて、「あの力も、この力も、もっともっとこの子にはつけさせてやらないといけない」というふうに前のめりになるのも無理のないことだと感じます。

ただでさえそのような状況であるのに、さらに私が目の前の現実を無視したような無責任とも取れる発言を繰り返すものだから、生活担当職員は余計に責任を感じて、子どもたちにますます厳しいことを言わねばならなくなっていたのでしょう。そのことに気づいたときは、それはもう顔から火が出るほど恥ずかしかったです。でも一方で、「やっぱり足りない部分に目を向けているだけでは、いつまで経ってもその子の存在が認められる日はやってこないのではないか」「そんなことを続けていたら、道半ばで力尽きてしまう子も出てくるのではないか」というふうにも思っていました。

両方大切

そのようなことを行きつ戻りつ考えているとき、駆け出しの頃、同じ心理職の大先輩から言われた言葉をふいに思い出しました。当時私はとある公的機関で心理判定業務に従事していたのですが、ある日、重い自閉症の青年の発達検査を担当することになりました。私の力不足もあり、やりとりの形になることは難しく、なかなか反応してもらえないまま進んでいったのですが、過去の判定ではずっと不通過になっていたなぐり描きの課題（差し出された紙と鉛筆を使って何か描けるか見るもの）を通過することができました。そのことを事務所に戻ってから、隣の席の同僚に伝えたところ、「あの子の中にも、成長しようという意志がしっかりあるんですね」と、いたく感動している様子でした。その姿に私は、「心理職らしい反応というのはこういうものかもしれないな。確かにあの子の成長がご家族に希望と力を与えてくれている面はあるに違いない。でも、あの年でなぐり描きをできるようになったこと自体に、一体どのくらいの価値があるのだろう…」とモヤモヤ考えていました。

私は思い切って、当時の上司にこの迷いについて相談することにしました。返ってきた言葉は「両方大事よね。両方ないと親御さんの気持ちは理解できないから」というものでした。こうした疑問を持つこと自体が、心理職としてはもちろん、人として致命的だというくらいのことを言われるのではないかと心配し、軽蔑されるのもやむなしと覚悟を決めて相談した私からすると、それはまったく思いがけない、でも心から納得できる答えでした。

彼らが彼らとしてただ生きているだけ、それもその通りだし、また、背景にある深刻な生い立ちを考えると、今生きてくれているだけで二重丸・花丸というのも本当にそう思います。そのような思いは底に持ちながらも、一方で彼らが直面する現実の厳しさから目をそらさず、少しでも良い人生を送っていってもらうために自分たちに今何ができるか地に足をつけて考え続ける。こうした心の揺れをある程度許容しながら子どもたちのことを見守っていくのが、共に暮らすおとなとして適当な距離間なのかもしれないと現在は思っています。そのようなスタンスにもとづいて「こういう面ではもう少しこんなふうになってほしいな、そうでないとこれから苦労するかもと心配に思う半面、でも、この子の大変な生い立ちを考えると、よくこのレベルで収まっているな、大したものだなとも思うしなぁ…」という感じの切れ味のない発言が増えている、最近の私です。

引用文献

滋賀県児童入所施設協議会心理職部会（2017）「滋賀県の社会的養護で働く心理職のおしごとあれこれ」

4 愛情の意味をかみしめて
～里親支援専門相談員として～

鍬本悟志（里親支援専門相談員）

〝里親〟をご存じでしょうか？

インターネットで「里親」と検索してみると、保護犬や猫といったペットの飼い主募集のサイトや記事がずらりとアップされます。また、3年前に公表された全国的な里親に関する意識調査でも、「名前を聞いたことがある程度」との回答が大半を占めました。鹿深の家の新任者研修で里親について尋ねても、「テレビドラマで見たぐらいです」「子どもが欲しい人が望まれて」といった感じで、里親認知の現状は、「知っているようで分かっていない」というのが実情のようです。

「すべての児童は、家庭で正しい愛情と知識と技術をもって育てられ、家庭に恵まれない児童には、これに代わる環境が与えられる」。これは児童憲章の一文で、子どもを地域社会で育むといった社会的養育の理念でもあります。里親とは、親元で暮らせない子どもを自らの家庭に迎え入れて成長を支えていく制度で、児童養護施設などとともに社会的養育のチームとして、その一翼を担っています。

〝里親支援専門相談員〟って⁉

里親が迎える子どもたちは、それぞれが抱える事情に彩られた〝その子らしさ〟を持っています。新たな出会いから始まる暮らしは、新鮮な喜びもありますが、同時に悩みや不安も同居した日々でもあるでしょう。

里親支援専門相談員は、里親養育の支援に積極的に取り組む児童養護施設や乳児院に配置される職員で、里親支援ソーシャルワーカーとも呼ばれます。子ども家庭相談センターや里親会などと連携しながら、次のような活動を行っています。

里親制度の啓発と里親の新規開拓、所属施設の児童も含めた里親委託の検討などを通して、里親委託推進をフォローします。アフターケアとしての相談、里親への研修も行います。

施設が専門性やノウハウを活かした窓口の一つとして貢献できるように、顔の見えるパートナーとして里親と施設との橋渡しをしています。

パートナーシップの構築は里親の新規開拓から始まります。そして、里親認定の研修や里親ニーズに沿った学び考える場の共有、里親が企画したサロンや子どもとの交流行事への参加協力を通してつながり感を深めていきます。

子どもの個別のケースには家庭訪問や電話相談で知恵を出し合い、また、子どもの委託が叶っていない里親への訪問では、今の思いに耳を傾けます。

レスパイト・ケアの調整も行っています。里親が休息をとるために援助を必要とする場合、児童養護施設などで子どもを一時的に預かる事業で、鹿深の家でも取り組んでいます。

里親と施設、里親支援専門相談員の協働のいくつかをご紹介します。

子どもたちの応援団増えています！

里親になるためのプロセスには施設での実習が組まれています。実習では子どもたちと触れ合う中で、それぞれの事情や思いを体感していただきます。見知らぬ訪問者を遠巻きに様子をうかがいつつも徐々に距離を縮めてくる子ども、ゲームに没頭しているようでもチラチラとこちらの出方を見極めようとしている子ども、あいさつもそこそこにいきなりふところめがけて飛び込もうとする子どもなどなど。実習では新鮮を通り越して驚きの体験になることも多々あります。

実習前には、「大部屋で集団生活をしていて」「食事は給食のように配膳される」といったイメージを持たれている方が大半なのですが、家庭的なホームやバラエティに富んだ献立をはじめとする食育課の取り組みなどを知るにつけ、施設への興味関心を改められています。さらに、施設と子どもたちの営みに接する機会を経て、目の前にいる子どもたちの今だけではなく、それぞれにユニークな歴史に目を向け耳を傾けてみようという姿勢をそなえて実習を終えていかれます。

毎年、数十人が里親認定されますが、子どもたちの応援団が社会に確実に増えているものと確信しています。退園後、自立に向けて少なからぬ不安を抱える子どもたちにとってはきっと心強い味方になってくれることでしょう。

「愛情って何？」

「愛情って何だと思う？」「愛情をかけるとか注ぐ、足りないっていうけど、何をどうすることだと思う？」。ある日の家庭訪問時のホームステイ里親からの問いです。ホームステイとは施設で生活をしている子どもを週末や長期休みに家庭に継続して迎え入れて支援していただく制度です。家庭での何気ない生活の経験が、自立や将来家庭を持つ際の一助になり、施設外でも〝思いを寄せてくれるおとながいるのだ〟との期待感につながります。鹿深の家でも退園後もこころの拠り所として息の長い関わりを続けていただいている里親がおられます。

その日は、ホームステイでのお泊り中に里親の財布を盗んでしまったことへの謝罪と今後の子どもとの関係がどうなるのか…さすがに切られても仕様がないのかな⁉　いやいや、あの方々なら広く深く包んでいただけるかも…あれこれと憂慮しながらの訪問だったのです。

「ほんとうに盗んじゃうのですね」。子どもの特性はあらかじめ、生育歴をからめつつ、担当職員も含めてコミュニケーションを重ねていました。ただ、「さすがにまさかでした！」。里親のショックの大きさは当然でしょう。

「愛情って何だと思う？」は、盗みをやらせてしまったという無念さや悔しさ、子どもの抱える痛みへ思いをめぐらせていた際の言葉です。そして、しみじみと「愛情とはその子の理解をあきらめないこと」「常に気持ちを想像し続ける。シンプルですよね」と自らに言い聞かせるように語られたのです。

その後、本人の謝りたいという思いに応える機会が設けられました。30分、1時間と時は経過しますが、本人はただただ泣くばかりで言葉になりません。里親と担当職員は何かをうながすでもなく、引き出そうとするのでもなく、ゆったりと待ち、子どもの気持ちに耳を澄ましているようでした。1時間半を過ぎた頃の「ごめんなさい」はピュアなこころの声だったと思います。

困ったちゃんはたまに顔をのぞかせます。ただ、過ちを犯しても許してもらえて、何度でもやり直しがきくという体験になってほしいと願っています。「広い琵琶湖に小石を投じたほどのごくわずかな波紋かも知れないが、これからの糧《かて》になればいいな」は折に触れて話されるフレーズです。我々の切なる望みであり、投げては待つを心がけています。もちろん！　関係は退園した今も続いています。

愛情の意味をかみしめて

里親制度にはファミリーホームといって最大六人の子どもと（里親は四人）生活を共にする形があり、子ども同士の育ち合いを活かすという視点を有しています。ただ、人数が多くなると「個と集団」、「育ちと管理」のバランスが悩ましくなるのは、施設のみならずファミリーホームでも同様です。定期的な勉強会では、お互いの経験をすり合わせながら、試行錯誤を重ねています。

「養育は百面相とモグラたたきですよ」と上手なえこひいきのすすめを説いた里親の言葉が忘れられません。十人十色のカラーに見合った関わりを惜しまずに、子どもたちとの関係性を楽しむありようは、養育者があきらめないための心得として勉強会で得た知見です。

鹿深の家では退園生のアフターフォローを充実させるためのアクションを起こしています。アフターは長丁場ですが、関係が煮詰まらずバテのこない伴走者であるためのヒントになるかもしれませんね。ただ、「理解をあきらめない」ためにエネルギーを注いでも、「そうだったのか！」と「えっ何で⁉」が行き来し、「分かった」とまったくもって腑《ふ》に落ちる事態にはいきつかないものです。施設での日常や家庭訪問で実感するところで、無力感に苛まれる時も少なくありません。それと同時に、人は、自分を気にかけてくれて、打てば響いてくれる誰かを、どんな時でも求めているものだよね！　これも皆さん語られ、日々の仕事に勇気をもらえます。

里親支援専門相談員は、施設からはちょっと距離を置いた周辺後方からの支援になると思いますが、どの子どもにもまんべんなく愛情がいきわたるようにネットワークを充実させたい。そのためにはたくさんの方々に社会的養育の今をお伝えして、応援団の輪が広がればよいなと…微力ながらちょっと大げさなビジョンを描いています。

コラム❻　職員インタビュー（2）

❖人には欠けている部分が多いが、少しずつでもできることを増やしていけるといい。そして、自分にできていないことがあるということは、誰かがそれをしてくれているということだと気づけばいい。（10年目の30代指導員）

❖とことん無力な自分を認めたくなかった昔。でもそんな自分を受けとめられるようになるにしたがって、「ホントに周りに恵まれているなぁ」と心から思うようになった」。（3年目の20代指導員）

❖「食べものを食べることは、命をもらって自分の命を続けることだ」という認識を少しずつでも養いたい。そこから「おかげさま」「ありがたい」という感謝の気持ちが育っていくように思う。（7年目の60代栄養士）

❖職員が職場とは別にプライベートな生活空間を持ち、食べていくために働いていることを子どもたちは知っている。その子どもたちの感覚に近いものを自分の中に維持できるよう、子どもたちのすることや関心を抱いていることには好き嫌いを言わずに飛び込み、自分の思いも率直に子どもたちに提示することを一貫して自分に課してきた。（22年目の40代副施設長）

5 食育との出会い

宮川哲治（調理師）

洗礼

児童養護施設との出会いから23年の年月が流れました。私は大学で教育課程を専攻していましたが、「子どもと寝食を共に生活をして子どもたちの自立をお手伝いする仕事である」ことぐらいの認識で、右も左を分からないままに児童養護施設の採用試験に臨みました。その採用面接で、施設長から「食事は立てる・作る・食すのすべてがあって完成する」ので、配属を予定している自立支援ホームでぜひ実践してほしいという話がありました。しかし、ぼんやりとしか聞いていませんでした。

無事に採用が決まり、配属は予定と異なって年齢別に分かれていた高齢児女子ホームでした。初日の職員朝礼で自己紹介をしましたが、職員はなぜか疲れているようで、私の話に耳を傾ける人はいませんでした。冷ややかな目をした保育士の女性と一瞬目があったのですが、ため息しか聞こえてきませんでした。その理由が後に分かりました。

それは配属先の女子ホームの宿直初日の夜でした。夜は配属前の実習でも経験し、そのときは実習生の私と一緒に女の子たちもリビングに集まり談笑していました。しかし、実習生ではなく職員になった私がそこに現れると、誰一人リビングに残らず部屋に戻ったのです。そして、22時頃でしたか、音楽というか爆音に近い音量と女の子たちの大きな笑い声が、2階の一室から聞こえてきました。びっくりして急いで階段を駆け上がって部屋をノックしても返事がありません。恐る恐るドアを開けると、煙で白く霞《かす》んだ部屋の奥から「出ていけ、来るな」と叫び声が聞こえました。私が「もう寝る時間やろう」と言うと沈黙が少しあり、「お前はいつ辞めるんか」と言われ、返す言葉が見つかりませんでした。

子どもたちのこんな様子に影響されてか職員の入れ替わりが多く、私の配属もその影響だったようです。職員の元気のなさも疲弊によるものだったと思います。

攻勢

それからの私は、何とか自分の立ち位置を保つために、子どもたちに自分の一方的な思いを押しつける行動に出ました。完全に私と子どもたちの関係を逆転させ、時間を守らせるために門限を決めました。食事を何とかとらせるために、残してはいけないと繰り返し伝えました。他にもたくさんの約束事を一方的に設けました。そうすると子どもたちは私を無視するようになったので、「職員として負けてはならないぞ」と私も無視をしました。

子どもたちは学校が終わってもなかなか帰宅しなくなり、夜遅くまで遊びに行っては、何なりと言い訳をつけて車での迎えを要求してきました。やがて私はホームに一人取り残され、いつ帰ってくるかわからない子どもたちの帰りを、リビングのソファーに座り外に見える遠い山を黙って眺めながら、「なぜだ、なんでだ」と思いながら待つ日が続きました。高校3年間、私とはまともに会話することなく卒園していった子どももいました。

変化のはじまり

ちょうど5年目になるころ、ある職員から女の子の一人が私を無視をしていたのは、体調が悪いときに部屋に私が行かなかったことが原因であったことを聞かされました。「ああなぜだ、私のことをあんなに無視していたのに、実は部屋に来てほしかったのか」と、私が変わらなければと心底感じた瞬間でした。

それから、子どもたちと意見が衝突して腹が立っても無視はやめました。時間を守らせたかったので迎えのときには必ず約束した5分前には到着し、駅であれば雨の日も雪の日も子どもが改札口を出てくるのを車の外に出て迎えてから車に乗り込みました。どこに出かけて何時に帰宅するかを一切言わなかった子が、行き先を伝え迎えが必要であれば伝えてくるようになるまで、結構時間がかかりました。

「食」への開眼

私の現在の配属先は食育課です。そうなる基盤を作ってくれた出来事は次のようなことでした。

私がホームで担当していたのは中学3年から高校3年の女の子たちでしたが、彼女たちとのコミュニケーションがなかなかうまくとれず、ずいぶん悩みました。ある日、採用面接で聴いた「食事は立てる・作る・食すのすべてがあって完成する」という言葉を思い出したのです。「立てる」はできなくてもとにかく「作」ってみようと思い、毎日の夕食の支度を15時頃から始めました。当時は携帯電話でレシピを調べることはできなかったので、本を見たり何度も先輩職員のホームに出向いて料理の基礎を学びました。その中で気づくことがありました。それは、調理をしている先輩職員に子どもたちが近寄ってきたり、味の確認をしたり、自然と手伝ったりしていたことでした。また、野菜を切る音に癒され煮込む匂いがリビングに広がり、ゆったりとした時間が流れていました。先輩職員が、「弁当箱出せよ、明日も要るのか、予定はどうなっている」と自然と話しかけていました。私は、子どもたちが帰宅しても〝業務的に〟話しかけるだけでしたが、食事作りを通してコミュニケーションが成り立っていることに驚きました。

食育課の課長として

何か継続できて時間がかからない料理はないかと考えました。調理師の免許を取得した私は、弁当に毎日卵焼きを入れるようになりました。そのことを覚えていてくれた子がいたのです。私はその後、ホーム担当を外れ、管理職、地域小規模施設長をしていましたが、ホームで担当していた子どもから結婚披露宴に出席してほしいとの依頼があり出席しました。披露宴の後半の新郎のスピーチで、新婦が毎日作ってくれる卵焼きの入った弁当がうれしいことが話されました。彼女は施設ではとくに料理をしていたイメージはなかったのですが、私に作ってもらっていた卵焼きを真似して作っているというのです。また最近、卒園生の一人からラインで手作り餃子の写真と近況報告がありました。彼女も施設で作ったことを思い出し挑戦したそうです。

私は5年前から食育課の課長をしています。前施設長から突然の人事異動を告げられ、悩んだ末に引き受けることにしました。食育課では現場で培った養育と食育を活かし、調理師、栄養士と共に食育を進めてほしいと、配属の目的を伝えられました。

これからも一人でも多くの子どもたちと、彼らを支える職員が元気に働けるよう美味しい食事を提供していきたいですし、やがて、各ホームで「立てる・作る・食す」が完成できるように、食育課として施設を支えていきたいと思っています。

6 総務課から子どもの育ちを支える

奥村順子（事務職員）

飴ちょうだい

ガラガラガラ。

事務所のドアを開ける小学1年生の女の子。

「飴、飴」

〈私は飴ではありません〉

「あっそうや、飴ください」

〈○○ちゃんの好きなサイダーの飴、あるでぇ〉

「どこどこ、きょうはこれにするわ」


するとと今度は小学4年生の男の子。

「飴ちょうだい…」

〈今日、持久走で一番やってんなぁ…さすがやなあ〉

「そうやで」

照れくさそうにすぐ「なんの飴にしようかなあ…」

〈今日はごほうびに内緒で2個にしょうか〉

「うん。やった!」


一緒にきていたもう一人の小学4年生の男の子。

「飴ちょうだい」

〈今日の運動会の練習はなにしたん〉

「…はよ、飴ちょうだい」

飴ちょうだいしか言わない。

でも突然「ありがとう」というときもあり、
そのときは最高にうれしい。

事務のおばさんは飴をくれる

ふり返ってみれば、こうした子どもとのやり取りを、かれこれもう10年以上続けています。鹿深の家に入職したころ、子どもと関わる専門職ではない私に、子どもとの接点はほとんどありませんでした。たまに学校に行けない中学生が時間つぶしに事務所にやってきて、他愛もない話をしていく程度でした。そんな中で「何かないの？」という話になり「飴ぐらいなら持ってるよ」ということで手渡すと、あっという間に「事務のおばさんは飴をくれる」という噂が施設全体に広まりました。おかげでいろんな子どもと交流を持つきっかけになりました。

当時の私にしてみれば「飴一つでそんな…」という思いがありましたが、12年前の子どもたちは今よりもいろんな意味で制約が多い暮らしを強いられており、思いのほか喜んでくれたため、この飴を通した関わりは、その後も続くことになりました。

最初はただただ子どもたちが可愛くて、毎日の会話を楽しんでいるだけでしたが、徐々にこちらにも欲が出てきて、「ここでの会話が少しでも子どもたちの課題解決の力になりはしないか」「たとえばコミュニケーションの力がアップしたり、ホームの担当さんとだとなかなか扱いづらい問題の解決に別の立場のおとなとして何かしら寄与できたりしないか」というようなことを思ったりもしました。でも、子どもたちが私に求めているのはそうした関わりではなく、ただ飴を食べて、いろんなことを話して、ほっこりできる場であり続けることなのでした。

私自身は母親として…

私事になりますが、私は自分の子どもを二人出産した後もずっと仕事は続けてきました。まもなく還暦を迎えますが、私の出産した当時の社会状況は厳しいものがあり、「お給料をもらっているので職場には迷惑をかけられない。家族には我慢してもらう」、そんな思いで仕事優先の生活を30年近く送ってきました。参観日には行かない、子どもが熱を出しても母親任せ、仕事を続けるということはそういうことだと割り切っていました。本当に周りの協力があったからこそできたのだと思います。

ただ、鹿深の家に46歳で勤め始め、いろんな勉強をしていくと、「私は母親としてこれでよかったのか…」という後悔を強く感じるようになりました。こんな思いを抱えているからこそ、鹿深の家の子どもたちがより愛おしく思えるのかもしれません。

大切なお金のこと

子どもとの関わりも大切にしつつ、でも本来の仕事である事務員として一番重要な役目は、やっぱり「お金の使い方を正しく管理すること」です。

この施設は国や県からの措置費という公金で運営されています。よって資金の収支状況、事業活動の成果の状況を正確に明らかにする必要があり、本来の目的以外に使われることは1円たりとも許されません。公の資金を扱っているという認識のもと、正確な会計処理を心がけ、業務に当たっています。

正確さに加えてもう一点、事務員として求められるのはスピードです。正確な決算内容を早く管理者に届けることで正しく判断できる材料となり、健全な経営につながります。

また、毎日の暮らしの中でそれぞれの生活担当の職員さんが何を大切にしているのかということを把握し、子どもたちにとってより生きたお金の使い方ができるように心がけています。

ある冬の日、電気代がびっくりするほど上がっていたのを見て、いきなり職員に「今月、電気代が倍ほどに上がっていますよ、電気つけっぱなしじゃないですか」という言い方をしてしまったことがあります。でも、子どもたちが帰って来たときに「『あったかい』という気持ちになれること」

を大切にしているというのであれば、それは一つのホームの方針だと思っています。ただ誰もいない家の電気、暖房がつきっぱなしであれば、それは無駄遣いです。繰り返しになりますが、大事なことは、ホームの運営方針として何を大切にしておられるかを日頃からコミュニケーションをよくとってきちんと知っておくことだと思います。

他にもコピー機のカラーコピーのカウントがやたらと多くなっていました。白黒で印刷してもパソコンの設定がカラーであれば、カラーカウント扱いで5倍以上の費用がかかってきます。そんな小さな気づきも重要になってきます。

固定的な費用については毎月把握しており、水道代が高ければ水道が漏れているのではないか、電話代が高ければなぜ急に上がっているのか。誰も喜ばないお金は節約して、子どもたちのために使えるお金を少しでも多くすることを大切にしています。

近所のおばさんの役割

毎日の業務を進めていくと、事務員という立場からここの子どもたちの力になるためには何が求められ、また何ができるのか、いろいろと考えさせられます。

入職当時は養育の専門的な知識がなく、どうすればいいのか、あの言葉がけは子どもを傷つけるものだったのではないかなどとずいぶん悩みました。しかし、前園長から「ものさしは特別ではなくて、家庭と変わらないのよ」と教えられ、吹っ切れたところがありました。それから私は「おばあちゃん」であり、「近所のおばさん」になろうと思いました。

それぞれのホームが忙しいときには、小さな子どもたちと遊んだり、保育園のお迎えに行ったり、事務所で子どもを昼寝させたこともありました。また子どもたちは遊んでいてケガをしたら、事務所に絆創膏《ばんそうこう》をもらいにきます。「事務所には必ず誰かおとながいること」を職員さんも子どもたちもよく知っているのです。かつて私が自分の子育てをしていた頃、母に対して感じていたような「あそこに行けば助けてもらえる」という大きな安心感を、施設のおばあちゃんとして、少しでも提供できたらと感じています。

そしてもう一つ大切にしている役割が、職員さんの気持ちに耳を傾けることです。ホームの職員さんと子どもたちは親子のようにいっしょに喜び、感動し、そして衝突もします。当然、腹の立つこともあります。そんな気持ちを少し吐き出したくて、ホームに戻る前にちょっとだけ事務所に寄っていかれる職員さんがおられます。私はただ「そうなんですね」「よかったですね」「大変ですよね」と相槌《あいづち》を打つだけですが、きっとそれでいいのだと思っています。

そんなふうにして職員さんから聞きとった話の内容をもとに、子どもたちに「高校合格おめでとう。○○さん、自分のことのように喜んでおられたよ」「昨日、帰るの遅かったたん？　○○さんものすごく心配してたよ」などと伝えることもあります。距離の近いおとなから言われると素直に受け取ることが難しいそんな言葉も、第三者からなら届くかもしれません。そんなクッション的役目もおばあちゃんならではだと思っています。

「職員と子どもとの関係がなるべくスムーズにいくような橋渡しができれば」と心がけています。

みんなの力で

鹿深の家の職員みんなで養育に当たれ、子どもたちが多くの人の影響を受けながら育つことができれば、これはもう最高だと思います。一般の家庭も社会の力をいろいろと借りながら生活を成り立たせています。専門職であるからといってそのホームだけで子育てを完結する必要もなければ、できないものだとも思っています。

施設の中にはつい甘やかしてしまう人もいれば、しっかり注意する人もいます。そんな中で子どももおとなも、自分が今、どのような人を求めているのかよく知っていて、うまく選択していきます。必要とされ求められたときに寄り添える職員でいられるよう、これからも努力を続けていきたいと思います。

7 発見を共に喜ぶ姿勢
〜用務員として〜

奥村和博（用務員）

用務員の仕事

用務員の役割は一言で言えば「縁の下の力持ち」です。施設で暮らす子どもやおとな、みんなが安心・安全に生活を送れるようサポートするのが一番大切な仕事です。掃除や修繕、庭木の手入れなど、用務員の業務は多岐にわたります。雛人形や5月人形を飾ったり、鯉のぼりをあげたり、伝統的な年中行事を大切にして季節感を演出するのも私の大切な役割です。

1年間の動き

春は百花繚乱《ひゃっかりょうらん》、寒い冬を乗り越えて子どもたちも植物もグッと伸びる時期です。自然豊かな鹿深の家の敷地内には、桜や桃、菜の花など、さまざまな草花が咲き乱れます。休みの日に下草を刈っていると、草集めなどを一緒に手伝ってくれる子たちもいます。この時期にいつも行う施設開設を記念して民生委員さんが植えてくださった梅の木の枝うちは、1年の中で最も気持ちの引きしまる仕事です。傍《そば》で見ている子どもたちに、この木が50年前に植えられた経緯を話し、鹿深の家の歴史や伝統を伝えられるのは非常に光栄なことです。

暑い夏に公用車を洗っていると子どもたちが集まってきます。最初は泡を流す手伝いをしてくれていたはずが、いつの間にか水遊びになっていることもよくあります。夏休みには自由研究の宿題のお手伝いもします。歯をすぐボロボロにしてしまうので良いノコギリはなかなか貸してあげられませんが、子どもたちはいろんな工具を器用に使い、自作の棚やおもちゃなどを作っていきます。中には通学路の側道に生えている竹を切ってきて、それで小屋を作り、秘密基地にする子たちもいます。小屋は風ですぐ倒れたりもしますが、ロープやガムテープで補強してみたり、彼ら・彼女らなりにどうしたら強くなるか研究を重ねています。1か月くらいして飽きてきたら撤去のタイミングです。

秋は落ち葉で側溝が詰まってしまわないよう、ひたすら枯れ葉掃除の日々です。集められたたくさんの落ち葉を前に、どう楽しむかも子どもそれぞれです。ガサガサ、バリバリ、踏んで音や感触を積極的に味わう子、フカフカの枯れ葉の布団に埋もれてボーっとする子、まさに各人各様です。十分に楽しんだら焼き芋で締めくくるのがお決まりです。毎年11月3日の文化の日に開催される「鹿深まつり」では、テントを設営したり、キングサイズのシーツを2枚縫い合わせた手作りの大型スクリーンを体育館に設置したりします。来場される方々のために、グラウンドをならして白線を引き、駐車場を整備するのも私の大切な仕事です。

冬は巣ごもりの時間。屋内で、主に修繕などの仕事を中心に動く時期です。子どもやおとなの意見も聞きながら、少しでも暮らしが豊かになるよう新たに棚などを取り付けたりします。公用車のタイヤを冬用のものに履き替えさせたら、間をあけず、次はイルミネーションを中庭に飾ります。実は毎年少しずつ数を増やしていっているのですが、そういうことにも子どもたちは敏感に反応してくれます。

お正月には正面玄関に大きな門松を飾ります。斜めに切った太い竹に紅梅と白梅、松、そして周りに牡丹を飾ります。「やっぱりこれがないと鹿深の家のお正月はやってこないね！」と言ってもらえるのはいくつになってもうれしいものです。

施設の「じいちゃん」として

私は用務員であると同時に、古稀《こき》をとうに過ぎた「幸齢者」で、ホームで働いておられる職員さんたちの親世代にあたる人間です。こういった年の離れた人間だからこそできることというのも、ほんの少しですが、あるように思っています。

喫煙所でたばこを吸っていると、フッとやんちゃな子たちがやってきて話をしていくことがあります。ホームの職員さんなど、身内には到底話せないけれど、外の人、しかも私みたいな与太者になら話せること、「ジジイの言うことだし仕方ない、聞いておこうか」と思えることがあると思うのです。

実際、こんなことがありました。私の作業部屋の前まで自転車で乗りつけ、バールを借りにきた男の子がいました。手渡して何に使うのか聞いてみたところ「ケツ上げ（自転車の荷台を強引に上に曲げること）をする」ということだったので、私から「シンプルなほうが格好ええぞ。溶接の部分が外れたら格好悪いで」と伝えてみました。とはいえ、そういうことをするのが格好いいと思う世代です。「あの子は一体どうするだろうな…」。そんなことをぼんやり考えながら作業部屋で待っていると、しばらくしてその子は荷台を曲げるのをやめてバールを返しに来たのです。

ただ、矛盾したことを言うようですが、子どものしたいことをある幅の中であれば認めるというようなおおらかな姿勢を持ち続けることも一方で大切なことだと思っています。「ある幅」とは言い換えると、「他人や自分を傷つけること以外はＯＫ」という枠のことです。

好きこそものの上手なれ

仕事をしていると子どもたちが目を輝かせて駆け寄ってくることがあります。それは庭木の剪定《せんてい》や水やりをしているときであることもあるし、自転車修理や、家の中に棚を設置するための日曜大工の最中だったりすることもあります。

子どもたちはそれぞれ何に興味を持つか分かりません。本が好きな子、スポーツが好きな子…。それぞれの子どもの「こころ」が向かう先を、目線の高さを合わせながら一緒に眺め、そっと背中を押してやるような、そんな自分作りのお手伝いをするのが私たちおとなの役目だと思っています。

同じことを「学ぶ」のにも色々な方法があります。それぞれが手に取り選んだものから子どもが何を見出していくか。教え込むのではなく、発見をともに喜ぶ姿勢が大切なのだと考えています。「自分が見つけ出したんだ」「他ならぬ自分がこれを選んだんだ」という感覚が自信につながる、まさしく「好きこそものの上手なれ」だと思います。

ただ、すでに書いたような「目線を合わせる」という作業は、言うは易く行うは難しで、いつもどうしても威圧的になってしまう自分に貧しさを感じています。孫に教えられて自分も育つ、そんなふうであれるよう、なるべく「一目置かれない」ように毎日頑張っています。

コラム❼ 職員インタビュー(3)

❖「人手や時間が足りない、管理職の理解が足りない」と言ってばかりではいけない。子どもたちのほうがもっと足りないものだらけだ。そんな世の中でできることをコツコツと積み上げて自分の人生を作っていく強さを子どもに身につけてほしいし、自分も頑張りたい。(3年目の20代指導員)

❖おとなの都合にふり回されてきた目の前の子どもたちは、「ひたすら流されるままに生きていくしかない」と無力感を強くしている。そんな彼らの目が好奇心で輝くその一瞬を見逃さず共にその発見を喜び合えれば、それがこの仕事の使命だと言えるのではないか。(9年目の30代指導員)

❖たとえ自分が選ばれなくても、子どもに好きな人ができたときにはそのことを心から喜び合えるような、そんな職員集団でいたい。「子ども中心の養育」という言葉を耳にしたとき、いつも思い浮かべるのはそんな施設の姿。(10年目の30代心理士)

❖人間というものは伸びたいもの、そして必ず変わるものである。そういう人間観みたいなものをベースに持っておくのはとても大切なことかもしれない。(12年目の70代施設長)

第4章
鹿深の家の子育てを外から眺める

ここでは少し視点を変えて、外側から見た鹿深の家について触れてみたいと思います。さて、鹿深の家で育った子どもたちは、日々、どのように感じていたのでしょうか。そしておとなになった今、当時をふり返ってどう思うのでしょうか。二人の退園生がインタビューに応じてくれました。さらに、親になって実際に自らの子育てを経験した職員は、鹿深の家の子育てをどのように思うのでしょうか。産休・育休からまもなく復帰予定の職員が改めて今感じていることを書いてくれました。それぞれご紹介したいと思います。

1

退園生・健さんとのお話

今だから話せる施設の暮らし

対談日：2021年3月28日
対談者：施設長の春田、自立支援課長の堺（＊）
＊退園生の入所受け入れ時の担当職員

【退園生プロフィール】
健（仮称）。20代男性。幼少期に当施設に入所し、その後高校卒業までの約15年以上施設で育つ。高校卒業後は一人暮らしをしながら運送業の仕事に就き、現在も同職場にて継続して就労中。

大家族の中で生きる

春田　健が高校を卒業してから仕事を継続して頑張れている原動力って何？

堺　健は小さい頃から根は真面目だったよね。

健　もしかするとそこ（真面目さ）が変に活きただけなのかも。たとえば（所属）ホームが荒れていた時期も、中途半端に残った（自分の）真面目さで、そっち側には流されないようにしようとしていたとは思う。とはいえ、悪いこともしていたと思うけど、これ以上は駄目だっていうことは分かっていた。そこは越えないようにとはしていたと思う。高校も絶対に卒業したいっていう思いはずっとあったから。

堺　健にとって、一線を越えないための何かみたいなものはあったの？　たとえば親の存在とか。

健　留まる…という一線は親じゃないなぁ…。ミノル（堺のこと）の存在かな。やっぱり裏切りたくないっていう気持ちがあったと思う。

春田　うれしいね。しかも本人を目の前にして言うのってすごいね。じゃあさ、もっと聞いていい？　施設の暮らしと一般家庭における暮らしの違いって何だと思う？

健　違いかぁ…。正直、一般家庭で暮らしたいって思うこともあったけど、でも施設でもよかったとも思っていた。違いといえば「関わる人の数」かなぁ。

堺　当事者である健にとってみると、違いは「関わる人の数だけ」というのは、新しい感覚。

健　一般家庭と比べてすごく違うっていうこともなかったと思うよ。

春田　もしかすると色眼鏡で見ていたのは、我々職員だったのかも知れないってことかぁ。だけど、学校場面とかだと、保護者欄に施設長名が書かれてあって苗字が違うということを悩む子どもたちも実際いたけど、健はどうだったの？

健　その場面はあったけど、自分は高校に入ったときに、担任に「施設にいるってことを他の人に言ってほしくない」とは言った。知らない人たちからすると「施設」といっても、どういう施設かも分からないと思う。たとえば人によっては、施設の意味も理解せずに偏見を持つ人もいると思う。だから施設で生活していることは、あんまり言いたくなかった。結局、自分は高校時代、本当に親しい友人にしかカミングアウトをしなかった。恥ずかしいというよりも、そういう偏見の目で思われたくないっていう気持ちはあった。

春田　詳しい事情も知らない人に「施設」という言葉だけで、決めつけられたくないって感じかな？

健　そう。施設にもいろんな種類があるだろうし、ひとくくりに偏見を持たれたくなかった。ちゃんと信用できる人には、きちんと説明すれば理解してくれたし、逆にあんまり仲良くない人とか、自分のことをよく思っていない人からすると、(施設で生活をしているという情報だけで)「あいつはそういう奴だって」決めつけられるのが嫌だった。施設の特徴を、たとえ分かったとしても、簡単に言えば親と生活をしていないというだけで、「親に捨てられたかわいそうな子ども」と思われるのも嫌だったし。親にも何かの事情があってのことで、離れたくて離れたわけではない家もあると思うから、ひとくくりにかわいそうって思ってほしくない。

春田　①施設に入っている⇒②親に捨てられた⇒③かわいそうな子どもっていうように、かなり短絡的な形で語られることがあるっていうことだね。

堺　施設は「ふつうじゃない」というような偏見持っているのは、世間の感覚であって、施設で暮らす子どもからすると、健が言うように単純に大人数での生活という、数の違いっていうことなのかもしれないね。

健　うん。家の中に家族といるかどうかというだけで、住んでいる自分からすると一般家庭と大きな違いはなかったと思う。

大家族のルール

堺　昔の施設での生活はルールが厳しい面がたくさんあったと思うけど、厳しさについての健の考えを教えて。

健　（昔と比べると）ずいぶん暮らしやすくなったなとは思う。確かに厳しくするところは、したほうがいいと思うけど、ずっと厳しいだけというのは住んでいる子どもからすると、すべてのことに恐怖心みたいなのを持つ結果になるからどうかなって思う。昔と比べてルールがゆるくなって、自分たちのしたいことができるようになったという部分で、「ふつうの暮らしに近づいた。家庭の暮らしに近づいた」というのはあると思う。

春田　その「恐怖」というキーワードは、職員が威圧的に怒るっていうこと？　それとも子ども同士の上下関係での恐怖を指している？

健　やっぱり職員に怒られるっていう恐怖があった。あとは、ルールがやっぱり施設は特徴的だったと思う。

春田　今でも覚えている印象的なルールってある？

健　「ご飯のときの三角食べ」。それが常識なのかも知れないけど、普通の家でご飯のときに「三角食べをしなさいっ！」とは言わないいんじゃないかなと思う。一番嫌だなと思ったルールは（友人宅に）外泊ができないっていうルール。周りの友達は、週末に仲の良い友人宅に泊まりに行ったりをしていたけど、自分は断るしかなかった。ルールによって行動が制限されるっていうのはあったかな。

春田　「三角食べしなさいっ」て確かに言っていたなぁ。だけど、今思うとなぜ執拗《しつよう》に言っていたのか分からないなぁ。

堺　その三角食べは今も実行している？

健　いや、してない（笑）

春田　土日の作業（草刈）はどうだった？

健　作業…？　あんまり覚えてないなぁ。
春田　現在30代くらいの卒園生は、作業の厳しさが施設の思い出話としてよく話題に出るんだよ。
健　そういう厳しい時代も、ゆるくなってからの時代もいたから、今があるのかもしれない。それも含めて自分のふつうって思う。全部が全部どちらかに針を振ってしまうのは違うと思う。

憧れのワンチャン

春田　いずれ健も将来自分が家庭を持つことになると思うけど、そのときに「これは大事にしたいな」とか、「こんな家庭が理想的」というのはある？
健　うーん…難しいな…。幸せな家庭を作りたいとは思うけど、具体的にというのは難しいな…。でもやっぱり子どもができたら、子どもと一緒に時間を過ごしてあげたいっていうのはあるかな。友人とかを見ていて、親と買い物に行くっていうのは、いいなって思う。施設だと、買い物をするにしても、目的や場所が決まっていて、どこに行って、何を買って、決められた中から選びなさないっていう感じだから、流れ作業的な感覚だった。「これ欲しい」みたいなものが言えなかった。
春田　確かに。すべて予算化されていて、何円単位まで決まっているよね。
健　ふつうの家庭やと「これ欲しい」と言ってみたら、もしかしたら買ってもらえるかもっていうのがあるけど。

春田　分かる。一般家庭には「ワンチャン」があるよね。

健　だけど、施設でだと、好きなものは自分の小遣いを使っての購入だし、お小遣いも遣い過ぎると怒られるし。親にねだるっていうのは、ずっとしてみたかったなと思う。

春田　なるほど。

健　施設にはグレーゾーンがない。

春田　一般家庭だと予定外の買い物をした後は、「この間買ってあげたでしょ」で次が我慢させられるけど、施設では「ここを許すと、次もしないといけない」という認識になるんじゃないかな。だから職員は予防線を張って、なるべく特例を作ろうとせず、ワンチャンを許さないんじゃないかな。あとは根本的に施設の暮らしは国民の税金で成り立っているので、きちんと使途を説明できるようにしないといけないということがある。でもたまには100円のグミではなく、少し高いハリボーを食べたいっていうときもあるよね。

堺　そういう体験を自分の子どもにはさせてあげたいっていうことやね。

春田　もう一つ、一緒にいてあげたいというのは何か、そう思った背景みたいなのはあるの？

健　学校の友人や交際相手の家庭を見ていて、常に家に親がいるということを体験したことと、交際相手がお母さんと買い物に行くときに、ついて行くことがあったのだけど、何かそのときすごく楽しくて。特に何かを買うとか、特別なことは何もなかったけど、ただ一緒に行動するっていうこと楽しいなって思ったから。

2

退園生・蘭さんとのお話
当時の思い

対談日：２０２１年８月１日
対談者：食育課長の宮川、総務課長の平野（＊）
＊退園生の中学校２〜３年生時の担当職員

【退園生プロフィール】

蘭（仮称）。20代女性。小学校低学年時に入所し、その後高校卒業までの約12年以上施設で育つ。高校卒業後は一人暮らしをしながら小売店業務に就き、現在は本社にて人事の仕事に携わる。

今だから思うこと

平野　今回のテーマ「ふつうの暮らし」については、どんなイメージを持っている？
蘭　入所前の生活と施設での生活経験しかないから、正直「ふつう」が分からない。

宮川　当時は買い物へ行く機会もほとんどなかったかな。
蘭　中学生になって、小遣いを持って買い物に行くことは増えたかな。
宮川　食事の時間や寝る時間が決まっていて、勉強時間もあったよね。
蘭　あった。宿題をしないと購買（当時施設内にあった駄菓子屋のようなもの）に行けなかったよ。
平野　晩の9時になると、リビングのテレビを切って部屋で過ごすんだと言ってたね。
蘭　先生が部屋へ見に来たときに、寝る時間を過ぎても本を読んでいたら怒られるんで、寝たふりをしてた。

分岐点

蘭　小学校の4年生くらいから施設の雰囲気が変わったよね。それ以前はよく先生たちから怒られてた。
平野　その雰囲気の変化を感じてたんだ。それ以降で理不尽に感じることってなかった？
蘭　高校のときに、友だちの家に泊まることが禁止になった。
平野　そのルールは今でも続いてるよ。
蘭　今では理解できるけど、当時は納得できなかったな。遊びに行くときに相手の連絡先とか住所を聞いて、相手に確認を取ってたでしょ。なんでそんなことするのかと…。外泊が突然できなくなったから、余計に理不尽に感じた。

平野　小学校なら必要な手順かもしれないけど、中学生、高校生になっても必要かとなると、そこまでしなくてもいいのかなという感じはあるけどね。

宮川　外泊を禁止したのは、いろんな問題行動につながってはいけないということがあって、そういうふうに関係機関と相談したんだよ。

蘭　最初から禁止になってたんなら、まだ納得できたかな。

施設の約束

蘭　部活のお金とかに領収書や請求書を書いてもらわないといけなかったでしょ。学校の先生も忙しいからいちいち頼むのが嫌だった。

平野　施設は県や国のお金を使ってるから使用目的が決められてててね、領収書なんかもちゃんとしとかなくちゃいけないのよ。今は校外学習で昼食を購入することが増えてね、「買ってもいいけど領収書の出ない自動販売機はできるだけやめてね」ってお願いしてる。

蘭　そうそう、携帯でも制限があった。当時はプリペイド携帯しか持たせてもらえなかったし、インターネットをしちゃいけないっていう厳しいルールもあったなあ。

親のこと

蘭　親のことは私たち子どもの意識に差を生んでたように思う。ふつうの親の子が小学校のときはうらやましかった。中学生になって、親の態度を見て「私は家の子どもじゃないんだ」と感じて、施設にいたほうが幸せだって考えるようになった。でも、未だになぜ私は施設に来なければならなかったのか、分かってない。お姉ちゃんは今も、自分が悪かったからだと思ってる。

平野　確かに当時は、入所理由を子どもにあまり詳しく説明しないままだった。今は子ども家庭相談センターの担当者から、入所のときや知りたいときにいつでも話を聞くことができるようにしてるよ。伝える内容についても、子どもの発達に合わせつつ、嘘にならないように気をつけてる。

可能性

宮川　蘭さんのように、できるだけ子どもたちに大学に行ってほしいんだよね。

蘭　私のときはめずらしかった？

宮川　徐々に進学する子が出始めてたけど、まだめずらしかったなあ。
蘭　私は、新聞奨学生を辞めたら大学も辞めなくてはならないし、大学を辞めたら社会生活にもそれがひびくとかいろいろ考えて、なんとか卒業までこぎつけた。
平野　蘭さんがよく言ってたけど、大学で友だちとつながれたのが大きいよね。大学を途中で辞めても、友だちとつながっていなければ失うものもないので、苦しくなると割と簡単に途中で辞めてしまう。
宮川　蘭さんが「友人の存在があるから頑張れる」と言えることはすごいことだと思う。

社会人として

蘭　人間関係は大事ですよね。施設での生活には上下関係がないけど、中学校に入って学校での人間関係でつまずく子もいる。
宮川　ＳＮＳの発達とかいろいろなことで、人間関係はどんどん難しくなってきているよね。
平野　人間関係ということでいえば、当時はどうしてそうなったのか、よく分からないルールとかしきたりとかが結構あって、それでしょっちゅう子どもたちと言い合いになっていたね。職員自身も納得していないことをそのまま子どもたちに伝えていたら、そりゃもめるよね。

宮川　今は職員間でも子どもたちとも話し合いを繰り返しながら、できる限り誤解が生じないようにしてる。
平野　蘭さんは昔から自分が納得できないことは認めなかったね。
蘭　(笑) 今、会社では、指示に対して言い返すと生意気と言われるけどね。

夢への後押し

平野　施設で育った子は自己肯定感が低い傾向があるから、新しいことへチャレンジする意欲が乏しいなんて言われることがあるけど、蘭さんを見てるとそうは感じないね。
蘭　失うものがないから新しいことにチャレンジできると思って、自分を奮い立たせているところがあるように思う。
宮川　そんな気持ちを持てたのはいつ頃から?　きっかけはあった?
蘭　…(考え込む)
平野　希望した私立高校に進学してもよいと言われたことがきっかけとなったのでは?
蘭　それはあるかも…。当時はパティシエになりたいと思っていて、希望のコースに進学したいと言ったら、部屋の担当の先生から「いいよ」って言ってもらえてうれしかった。

宮川　担当の先生に背中を押してもらったんだ。
蘭　担当の先生にはいろんな話をしてたし、その中で「この人には言ってもいいのでは」と思った。
宮川　何でもかんでもいいというのも、逆に職員が一方的に判断するのも違う。一緒にどうするかを考えることが大事だったんだね。
蘭　退園前、当時お金の管理をしていた春田さん（現施設長）からお金の話を聞いたんだけど、年少児は通学とか部活とかにお金がかからない、その浮いた分が年長児に回っていたんだそうで、「ありがたい」と思った。
平野　措置費は子ども一人当たりいくらで計上されて、相対的に年長児にお金がかかることが多かったから、施設を運営していくために、そのようにやりくりしてたんだよね。今は制度が変わってきて、基本的には学費を含めて一定額までは措置費としてお金を出せるようになってきたので、子どもたちの要望に対してはハードルが低くなって、ＯＫが出せている現状だね。

「ふつう」って？

蘭　施設にいて逆に「ふつうじゃないんじゃないか」と思うけど、年1回、ＵＳＪとかに遊びに連れて行ってもらったのはありがたかった。

平野　ふつうじゃないことが楽しかった？
蘭　うん。
平野　一般家庭と同じようなふつうのほうが良いと思って支援してるんだけど、ふつうじゃないことが良かったという視点は、職員としてはあまり持ってなかったな。ＵＳＪとかに年1回行くなんていうのは一般家庭でも今はふつうになってるかもしれないけどね。
蘭　行きたい人を募ってキャンプへ行ったり、富士山に登ったりしたのも感激した。他にも企業さんからの支援に縁を感じるし、そういったサポートがいくつかあったから今があると思う。
宮川　ふつうでないことについてはネガティブなイメージを持っていたけど、蘭さんの思いを聞くと違った面もあるんだね。
蘭　支援してくれている企業の人には、今でも食事に誘ってもらったりと、つながってる。
平野　この本に流れるテーマの一つに「ふつう」ということがあるけど、その蘭さんの思いはすごく参考になった。
蘭　私の場合は、家にいたら絶対ＵＳＪとか登山とかに行ってなかった。
平野　今は行事もホーム単位あるいは個別で行ったりしてるけどね。
蘭　それはもったいないとも感じる。せっかくの機会だもんね。
宮川　個別にすることで子どもたちの意見を聞いて自由に計画できるのがいいと思っていたけど、

大きな集団で、気遣いや時には我慢することもあって、それで身につくこともあるかもしれないね。

これだけは伝えたい

蘭　長く関わってくれた職員が担当を変わるのがすごく辛かったよ。職員の退職についても、事情は理解できるけど「これからも信用してやっていける」と思っていただけに、残念だった。

平野　今は、できるだけ早く職員の退職や人事は伝えるようにしているけれど、養育者が代わることと自体がふつうではないよね。

宮川　一緒に住む人が代わると、いろんなルーティーンも変わるし、大変だよね。

蘭　担当が異動すれば、また新しい担当と関係性を作らないといけないし、深い話をするだけの関係を作ることもなかなかできなかった。

宮川　当時は、職員の退職や異動を早く伝えると子どもたちに動揺や不安を与えると思って、いつもギリギリの報告になるから、余計に不安にさせていたかもしれないね。

蘭　大人を信頼できないと感じることは多かったよ。「ダメなことはダメ」とか言って子どもを指導するのに、その職員は私の成長を見届ける前に退職するんだから。

平野　家から離れたうえに担当職員とも離れることになって、心の傷つきを重ねさせることは施設としても問題視していたんだ。だから今は基本的には担当を代えないようにしているんだけどね。

宮川　子どもに自分が育ったホームを自分の家と思ってもらえるようにしているつもりだよ。

蘭　退園生が集まれる場所があれば、そこを実際に利用するしないは別にして、うれしいことだと思う。

3 「かわいい」と思えるのはとても幸運なこと
～産休・育休の経験から～

山本菜緒（育休中）

お腹を痛めて産んだ子に…なぜ？

私がはじめて鹿深の家の子どもたちと出会ったのは実習生のときでした。みんなと一緒に過ごす時間がただただ楽しくて、彼ら・彼女らの抱えているものについてあまり深く知らないまま、実習終了後もアルバイトとして鹿深の家に足を運び続けるようになりました。一緒に過ごす時間が長くなるにつれて、実習中には見ることのできなかった子どもたちのいろんな表情を目の当たりにするようになり、「もっと子どもたちのことが知りたい」という気持ちから施設の職員になりました。

入職してすぐ、子どもたちのことを少しでもよく理解したいと思い、生い立ちを含むこれまでの記録を読み始めました。その内容は当時の私にはあまりにも衝撃的で、少し読んではファイルを閉じてを何度も繰り返し、数日かけてなんとか読み終えた記憶があります。

子どもたちとの生活が実際に始まり、彼ら・彼女らとの関係が深まれば深まるほど、その保護者に対して「お腹を痛めて産んだ子にどうしてあんなひどいことができたのだろう？」という疑問を強く感じるようになりました。いえ、「疑問」というよりも「怒り」といったほうがより正確であったように思います。あの頃の私はとにかく目の前のことをやりくりするのに精一杯で、子どもたちにとっての親の存在の大きさや、「そもそも家族とは何か」といったことについて、十分に考える余裕がまだまだなかったのだと思います。

共同養育の難しさと良さ

「子どもたちと信頼関係を築いていくために私には何ができるのだろう…？」そんなことを考えながら子どもたちとの関わりにエネルギーを注ぎ、同時に子どもたちとの関わりからエネルギーをもらう日々。そんな時間を積み重ねていく中で思い入れもどんどん強くなり、彼ら・彼女らのちょっとした言動や行動に一喜一憂したり、「求めに応えたい！」という思いがすごく大きくなったりしました。しかし、施設で行われている共同（チーム）養育では、一人の職員の考えだけで子どもたちと関わることは許されません。そういった意味で、したくてもできないこと、子どもたちの要望にすぐには応えらないことも多々あり、不甲斐《ふがい》なさから落ち込むような時期もありました。毎日「本当にこれでよかったのだろうか？」と悩んだり不安になったりすることの連続でしたが、同じホームの職員さんや同期の仲間たちとそのつど話をし、気持ちを分かち合ってもらう中で、どうにかこうにかこうした葛藤にも持ちこたえることができました。今ふり返ると私はこの時期に、共同養育の難しさと良さの両方を体験していたのだと思います。

親になって分かったこと

そんな中、私自身も結婚し、出産し、母親になりました。待ったなしで始まった子育てに最初は戸惑い、何時間も泣き続けるわが子を抱えながら途方に暮れて一緒に泣いたこともあります。幾度となく「逃げ出したい、投げ出したい」という気持ちになりましたが、現実的には投げ出すことはできないし、逃げられる場所もありませんでした。来る日も来る日もとにかく子育ての責任に押しつぶされそうで、「本当に自分に子育てなんてできるのだろうか…」と自信をなくし、周囲に繰り返し弱音を吐きました。

幸い私には、協力してくれる家族や、悩みを共有し合える友人、アドバイスをくれる先輩ママがおり、今のところは何とか自分を保ちながら子どもと向き合うことができています。しかしそれでも「これで良かったのかな…」と悩んだり、「こうしておけば…」と後悔したり、思わず感情が抑えられずに怒ってしまったことを反省したり、毎日葛藤の連続です。

その一方で私は、我が子のおかげでこれまで知らなかった自分自身を日々見つけることができているとも感じています。良い自分を見つけるときもあれば、悪い自分を見つけて気持ちが落ち込むときもありますが、それ以上に得るものが大きいと感じています。

施設で子どもたちと接していたときも、同じように葛藤の中で、悪い気持ちを持つ自分を何度も見つける機会があったのだと思いますが、「職員なのだから…」とそんな自分を認めてはいけない気がして、気づかないふり・見ないふりを続けていました。でも我が子と24時間３６５日向き合わねばならなくなる中で、知らないふりをすることにも限界がきたのでしょう。私は自らの内にある悪い自分を認めざるを得なくなりました。

今は「良い感情も悪い感情も、子育てにはいろんな感情が生まれてきてあたりまえ」、そんなふうに思えます。こう思えたのは私にとってものすごく大きなことでした。自分の中にある「こうあるべきだ」という凝り固まった考えから少し距離をとれるようになり、「これでもいいんじゃないか」「こんな日もあっていいか」などと、物事をより柔軟に考えられるようになりました。

現在の私の子育ては、かつて自分が頭の中で思い描いていた理想的な子育てとは随分とかけ離れています。でも、以前に比べて笑顔で過ごせる時間が増え、自分自身も余裕を持って子どもと向き合えることが増えたように感じています。

求め過ぎていた自分

かつての私は、「基本的に18歳で退所」というタイムリミットのある施設の暮らしの中で、子どもたちが社会に出たときになるべく困らないようにと、大人が困らされる行動はすべて「課題だ」と見なし、「どうにかせねば！」と思っていました。見方を変えれば、子どものほうにばかり変化することを求め、共に今をどう過ごし、どう乗り越えていくかという視点を十分に持つことができていませんでした。

私は子どもたちに求め過ぎていたのだと思います。でも、考えてみれば、子育てに「困らされること」はつきものです。実際に自身の子育てにおいても、困らされること、悩まされること、心配に思うことは山ほどあり、そして、そのすべてを直ちに解決していくのはなかなか難しいのが本当のところです。

それに「課題だ」という私の評価も（私を含む）大人の側の見方に過ぎません。当の子ども本人からすると、意味のある何物にも代えがたい体験であったり、成長の結果、新たに現れてきたものである可能性もあります。たとえば、「聞き分けの良い子」ではなくなってきたかもしれないけれど、それは自分の思いを大切にし、きちんと伝えられるようになってきたからかもしれません。そのように「成長の一過程で見られる変化なのかもしれない」と考えられるようになると、事態の捉え方が変わってきて、焦る気持ちから少し開放され、それまでよりも腰を据えて子どもたちとも関われるようになった気がします。

もちろん、トラウマを抱えた子どもたちの回復と育ちを支える取り組みは一筋縄では行きません。ふり回されることもたくさんあり、多くの人の力を借りながらでなければ関わりを続けることすら困難です。ここに一般家庭とは違う、施設、すなわち共同養育だからこその強みがあると私は思います。

施設での養育にはタイムリミットがありますが、子どもたちの成長にタイムリミットはありません。困ったとき、つまずいたときに「この人がいれば何とかなるかもしれない」と思えるようなぼんやりとした安心感や信頼感を日々の生活の中で子どもたちの中にいかに育んでいくことができるか。今の私はそれさえある程度達成されてくれれば、いろんな育ちというものはその子の長い人生の中で、後からついてくるものなのではないかとすら思っているところがあります。

虐げられる体験をたくさん積み重ねてきた子どもたちから信頼を得るのは容易でありません。ありとあらゆる試し行為をしてくる彼ら・彼女らのことを無条件で信用し、その味方でい続けるというのは至難の業です。でも、さまざまな葛藤を抱えながらも、何とか「信用しよう」「味方でいよう」とし続ける、そんな大人の姿勢が大切なのかもしれないと考えるようになりました。

「虐待」は身近なものだった

また、自身の子育てを経験するまで、なんとなく縁遠いものだと思っていた〝施設〟や〝虐待〟という事象について、より身近なものだと感じるようになりました。そして、子どもを「かわいい」と思えることはとても幸運なことだと心から思うようになりました。

施設に勤め始めた当初は「理解できない」と感じ、怒りさえ覚えていた親御さんに対する気持ちにも大きな変化が起こりました。結果的に子どもたちを傷つけることになってしまったのは悲しいことですし、決して容認できるものでもありませんが、その背景について色々と考えるようになりました。「何があったのだろう?」「どんな思いだったのだろう?」。そんなことを自分自身の子育てと照らし合わせながら考えているうちに、虐待というのはとても身近で、いつ誰に起きてもおかしくないことだと心の底から思うようになりました。そして同時に、施設の職員から自らのルーツでもある両親を否定されるということは、子どもにとってどんな経験になるのだろう、もしかしたら根っこのところからすべてを否定されるような辛い体験なのではないだろうかと考えるようになりました。

お腹の中で10か月もいっしょに育ち、出産するということは本当に命がけだと身をもって知る中で、今まで私が怒り、簡単に否定していたものは、その家族のほんの一部分・一側面でしかないということを痛感しました。私は自分の狭い考えを勝手に正しいと信じ込み、入所理由となった虐待事象だけを捉えて「ひどい親だ」と決めつけ、そして怒っていました。しかし、そうではなく、子どもたちとその家族にしか知り得ない時間があり、事情があり、簡単に否定してよいものではないと改めて感じるようになりました。

これからも子どもから教わりながら

施設での子どもたちとの暮らしや、自らの出産・育児の経験は、私自身の価値観や考え方に多くの変化をもたらしました。子どもたちには、本当にいろんなことを教わりました。

我が家の子育ては始まったばかりで、まだまだこれからだと思います。〝子育て〟は今後も私にたくさんの経験をさせてくれると思いますし、子どもたちは私にいろんなことを教えてくれると思います。楽しいことばかりではなく、もちろん葛藤や悩みも尽きることはないだろうと思いますが、その一つひとつに意味があると思いながら、多くの人に助けてもらいつつ、子どもと共に成長していきたいと思っています。また、中身は違えど、同じように葛藤や悩みを抱えながら一番近くで子どもたちを見てくださっている施設の職員さんや里親さん、子育てをされている方々と協働できるよう、自分自身スキルアップしていきたいと思っています。

まとめにかえて

序章でも述べたように、私たちがこの本を通して描き出したかったのは、ありふれた「ふつう」の子育てに含まれる人が育つうえで大切な「宝」でした。

第2章では、養育者に必要なものを8つの事例から明らかにしようとして、「とらわれすぎず、ありのままで」「私の感覚を私が信じる」「違うでもなく、同じでもない存在として」「気持ちを込めて贈る」という4つの要素を取り出しました。最初の3つは子どもたちに関わる姿勢についてです。私たちは、「〇〇しなければいけない」という考えから少し自由になって、「自ら感じ、考える」ことを大切にし、相手の気持ちを汲み取れなかったり、問題を根本から解決できなかったりするもどかしさを感じながらも、ほんの少しでもマシだと思われる関わりを一つひとつ選び取っています。その一連の作業の積み重ねが関わりの連続性を支え、子どもたちに「私」という自分自身が一つにまとまっている感覚、さらには「自分の人生の主役はあくまで自分自身である」という主体性の感覚の根を養っていくのだという考えが、私たちのベースにあります。最後の一つは、その姿勢を持ったうえで何をするかという「行為」に関することです。気持ち、中でも愛情は、子どもの好みや体調に配慮した食事や清潔で体に合う季節に応じた衣服を提供するといった、具体的な行為を毎日毎日続ける中でじわじわ相手に伝わっていくものであり、小手先のことではないのだという私たちの養育観を表したつもりです。

第3章では、子どもと養育者をとりまく周辺の人たちの大切さについて書きました。たくさんの人がさまざまな立場から「今、自分にできること」を考えてそれぞれに子どもと接し続ける…こうした多様性と厚みのある子育て環境が、子どもたちの持つさまざまなニーズに対応して、偏りが少なく広がりのある育ちを引き出し支えてきたのだと思っています。

最後の第4章からは、養育を受ける側の子どもの声に耳を傾けたり、自分の養育を少し離れた所から眺めたりすることや、もし「間違っていた」と感じたならば、詫び改めることの大切さなどが汲み取れるのではないでしょうか。私たちは、業務の経験を積んで慣れてくるにしたがって、「自分たちのほうが（子どもや若手の職員よりも）正しい」という自負心を持ちがちですが、それを状況に応じていつでも投げ捨てることのできる柔軟な自分でいたいと思っています。

これらが、現時点の私たちに言える「人が育つために大切なこと」ですが、但し書きがあります。それは、「これをすれば子どもはみんな一様に健康に育つ」というような「子育てマニュアル」や「理想的な子育て論」を書いたのではないということです。むしろ逆で、私たちが述べた「子どもが育つために大切なこと」は世のおよそどの子育てにも大なり小なり含まれている事柄で、決して目新しいものではありません。ただ、あまりにも当たり前過ぎてその大切さを見過ごしてしまいがちなのではないでしょうか。私たちはこの本を書きながら、この「ふつう」に毎日やっていることの大切さを再認識しました。

現在の子育てを取り巻く社会の雰囲気に、私たちは息苦しさを感じているように思います。さまざまな専門家が口にする「子育てはこうしたほうがいいですよ」というメッセージは、それを受け取る側には「そうでないといけない」と理解され、今や子育ては理想的な「良い子育て」と、そうではない虐待を含む「悪い子育て」に二分化されているように、私には見えてしかたがありません。本来なら理想的な子育てと虐待的な子育てとの間には「ふつうの子育て」と呼ばれるような領域が大きく広がっているはずなのに、何だかみんなそれが見えなくなっているのではないでしょうか。言いかえると、「子育て」として許容される幅がとても狭くなっていて、「理想的な子育て」を「ふつうの子育て」だと感じるようになってきている気がするのです。そして、子育てのハードルが上がり高まった不安は、「虐待が起きているような家庭に比べればマシだ、一緒にしないで！」とこちら側とあちら側を切り分け、「自分の家庭は『ふつう』だ」という少しの安心を得るための行動へと、私たちを駆り立てていっているように思います。最近よく耳にする「分断」的な社会状況を作り出す原因の一端は、こうしたところにもあるのかもしれません。もし、そういう大人たちの状況があるとすれば、子どもたちは必ずその影響を受けて育っていきます。その意味で、私たちが作り出している社会状況を見直すことは、「人が育つために大切なこと」の一つだと言えるでしょう。

理想的な子育てでもない、虐待的な子育てでもない、「ふつう」の子育ての領域を再び認識できるようになる意義の一つは、「私の子育てもあなたの子育てもそう違わない」というつながりの感覚を取り戻すことにあると私たちは考えています。これが「ふつう」の子育てが持っているもう一つの宝です。こうありたいという子育てにはなかなか到達しえない、そういう弱さを抱えた自分自身のことを歯がゆく思いながらも、昨日よりも今日、今日よりも明日と、少しずつでも向上していきたいと願い努力し続ける姿勢が、子どもたちの健全育成につながっていくのではないでしょうか。そしてその姿勢が子どもを育てる立場にある人たち全員のつながりを支えてくれるように思うのです。

最後になりましたが、「鹿深の家」の業務をいつも支えてくださっている諸機関や個人の皆様に、この場をかりて御礼申し上げます。そして、本書の刊行を快く許可してくださった滋賀県中央子ども家庭相談センター所長の西村実氏、滋賀県彦根子ども家庭相談センター所長の田辺善行氏、滋賀県大津・高島子ども家庭相談センター所長の大久保法彦氏、適切かつ丁寧な助言によって、右も左も分からない私たちを刊行まで導いてくださった明石書店の深澤孝之氏に、厚く御礼申し上げます。

綱島庸祐

2023年3月30日

鹿深の家の職員（2019年度）

施設長　春田　真樹*
堺　　　稔*
平野　順久*
宮川　哲治*
山田　佳奈
山田　貴子
井口　弥生
石田　一樹
塚本恵梨子
江上　　涼
大原　理絵
土橋　輝彦
若林　綾子
神能　由佳
横江　愛美
髙山　悠衣
山代沙也香
若井　　愛
河原　龍馬
山代　博貴
河村　浩世
谷　　亮典
溝口　紗耶
綱島　庸祐*
鍬本　悟志
山本　菜緒
奥村　順子
山中　未緒
石田　慶子
大石　礼子
奥村　和博

*編集委員

編 者

綱島 庸祐（つなしま ようすけ）

1980年、京都府生まれ。2006年に鳴門教育大学学校教育研究科修士課程修了。適応指導教室、児童相談所での勤務を経て、2009年に児童養護施設鹿深の家に入職。2013年からは滋賀県スクールカウンセラーも兼務。臨床心理士、公認心理師。

川畑 隆（かわばた たかし）

1954年に鹿児島市で生まれ、北九州市小倉区（当時）で育つ。同志社大学で心理学を学び、京都府の児童相談所に28年間勤務した後、京都先端科学大学（旧京都学園大学）で14年間、京都橘大学で2年間、心理学科の教員をつとめて退職。有志による「そだちと臨床研究会」所属。専門は児童福祉や教育分野等における対人援助。子ども家庭支援のいくつかの現場、学校関係などでの事例検討会や研修会にかかわっている。著書に『要保護児童対策地域協議会における子ども家庭の理解と支援――民生委員・児童委員、自治体職員のみなさんに伝えたいこと』（明石書店）などがある。臨床心理士。

著者代表

春田 真樹（はるた まさき）

1972年、岡山県生まれ。龍谷大学で児童福祉を学び、卒業後、1996年に児童養護施設鹿深の家へ入職。複雑な背景を持つ子どもやその家族への相談・支援を、行政機関・学校・地域関係者等と連携しながら実施してきた。2018年より施設長。その他にも現在、全国児童養護施設協議会協議員および「養育に関する特別委員会」副委員長、特定非営利活動法人NPO STARS副事務局長、滋賀県児童福祉施設協議会理事、甲賀市地域福祉計画審議会委員等をつとめている。社会福祉士。

児童養護施設 鹿深《かふか》の家の「ふつう」の子育て
——人が育つために大切なこと

2023年5月30日　初版第1刷発行

編　者　綱島庸祐
　　　　川畑　隆
著　者　鹿深の家（代表：春田真樹）
発行者　大江道雅
発行所　株式会社　明石書店
〒101-0021　東京都千代田区外神田6-9-5
電　話　03（5818）1171
FAX　03（5818）1174
振　替　00100-7-24505
https://www.akashi.co.jp/

装丁　清水肇（prigraphics）
印刷・製本　日経印刷株式会社

（定価はカバーに表示してあります）　ISBN978-4-7503-5590-0